D1750048

International Knowledge

contmedia
the entire world of knowledge

contmedia

Bibliografische Informationen der Deutschen Bibliothek
Die Deutsche Bibliothek verzeichnet diese Publikation in der Deutschen Nationalbibliografie;
detaillierte bibliografische Daten sind im Internat über http://dnb.ddb.de abrufbar.

International Knowledge: Das Mittelalter
ISBN 13: 979-3-9377-7567-7
ISBN 11: 3-937775-67-6

© 2008 Contmedia Verlag GmbH, Oberstraße 60, 39288 Burg, Germany.
Alle Rechte vorbehalten.
www.contmedia.com

Das Werk einschließlich aller seiner Teile ist urheberrechtlich geschützt.
Jede Verwertung außerhalb der engen Grenzen des Urheberrechtsgesetz
ist ohne Zustimmung des Verlages unzulässig und strafbar.
Das gilt insbesondere für Vervielfältigungen, Übersetzungen, Mikroverfilmungen
und die Einspeicherung und Verarbeitung in elektronischen Systemen.

Konzeption und Gestaltung: Contmedia Verlag GmbH, Burg, Germany

Bilder soweit nicht anders benannt: Archiv der Contmedia GmbH

Gesamtherstellung: Contmedia GmbH, Meppen, Germany

Printed in China
Das verwendete Papier ist aus chlorfrei gebleichten Rohstoffen hergestellt, holz- und säurefrei.

DAS MITTELALTER
Leben, Kultur, Politik & Religion

International Knowledge

Das Mittelalter

Inhalt

Leben im Mittelalter	9	**Byzantinisches Reich**	51
Geldwirtschaft	10	Byzanz	52
Feudalismus	11	Justinianus Rechtsordnung	53
Im Westen	11	Zirkusparteien	54
Im Osten	11	Monophysitismus	54
Landwirtschaft	13	Der Bilderstreit	54
Schuldknechtschaft	13	Konstantinopel	55
Assisen	14	Makedonische Dynastie	56
Lehnswesen	14	Das Ende von Byzanz	57
Handel im Mittelalter	16		
Gewerbe in Florenz	17	**Frühes England**	59
Minnesänger & Heldendichtung	18	Angelsachsen in Britannien	60
Heldendichtung	19	Christianisierung	60
Bildungswesen	20	Das englische Königreich	61
Die Pest	21	Der Londoner Tower	61
		Große Urkunde der Freiheiten	62
Christentum im Mittelalter	23	Frühe Literaturwerke	62
Ursprünge des Hexenglaubens	24	Der Hundertjährige Krieg	63
Der Hexenhammer	24		
Hexen, Märtyrer, Ketzer		**Deutschland**	65
& die Päpste	26	Heiliges Römisches Reich	
Hexen	26	Deutscher Nation	66
Märtyrer	26	Festigung des Römisch-	
Ketzer	26	Deutschen Reiches	66
Päpste	26	Pfalz von Aachen	67
Ketzerbewegungen	28	Ottonen	68
Katharer	28	Investiturstreit	70
Waldenser	29	Heinrich IV. – Gang nach Canossa	70
Humiliati	29	Staufer & Welfen	71
Inquisition	29	Weitere Thronfolger	71
Die spanische Inquisition	29		
		Frankreich	73
Die Kreuzzüge	31	Die Franken: Krönung Pippins	74
Ritterkultur & Ritterorden	32	Karl der Große:	
Ritterkultur	32	Ein neues Weltreich?	75
Ritterorden	33	Wiedergeburt der antiken Kultur	76
Die Kreuzzüge	34	Die Macht bei König & Kirche	78
Erster bis dritter Kreuzzug	36	Bruderzwist & Reichszerfall	78
Der erste Kreuzzug (1095 bis 1099)	36	Machtkämpfe im frühen Frankreich	79
Armenkreuzzug (1096)	36		
Zweiter Kreuzzug (1147 bis 1149)	37	**Wikinger & Skandinavier**	81
Dritter Kreuzzug (1189 bis 1192)	37	Die Wikinger	82
Die letzten Kreuzzüge	38	Die Normannen	83
Vierter Kreuzzug (1198 bis 1204)	38	Das dänische Königreich	84
Kinderkreuzzug von 1212	39	Norwegen & Schweden	85
Kreuzzüge von 1229 bis 1270	39	Norwegen	85
Kreuzritterstaaten	40	Schweden	85
Lateinisches Kaiserreich	40		
Islam	41	**Osteuropa**	87
Der Koran	41	Slawen	88
Spaltung des Islam	41	Das Reich der Bulgaren	88
Fünf Säulen des Islam	42	Ungarn	89
Die Welt des Islam	42	Böhmen und Mähren	90
Abbasidenreich	42	Polen	91
Das Osmanische Reich	42	Das frühe Russland	92
		Dschingis Khan:	
Spanien – Befreiung vom Islam	45	Das mongolische Weltreich	93
Spanien unter den Westgoten	46		
Seidenraupen & Moscheen	47	**Glossar**	94
Rückeroberung in Spanien	48	**Index**	98

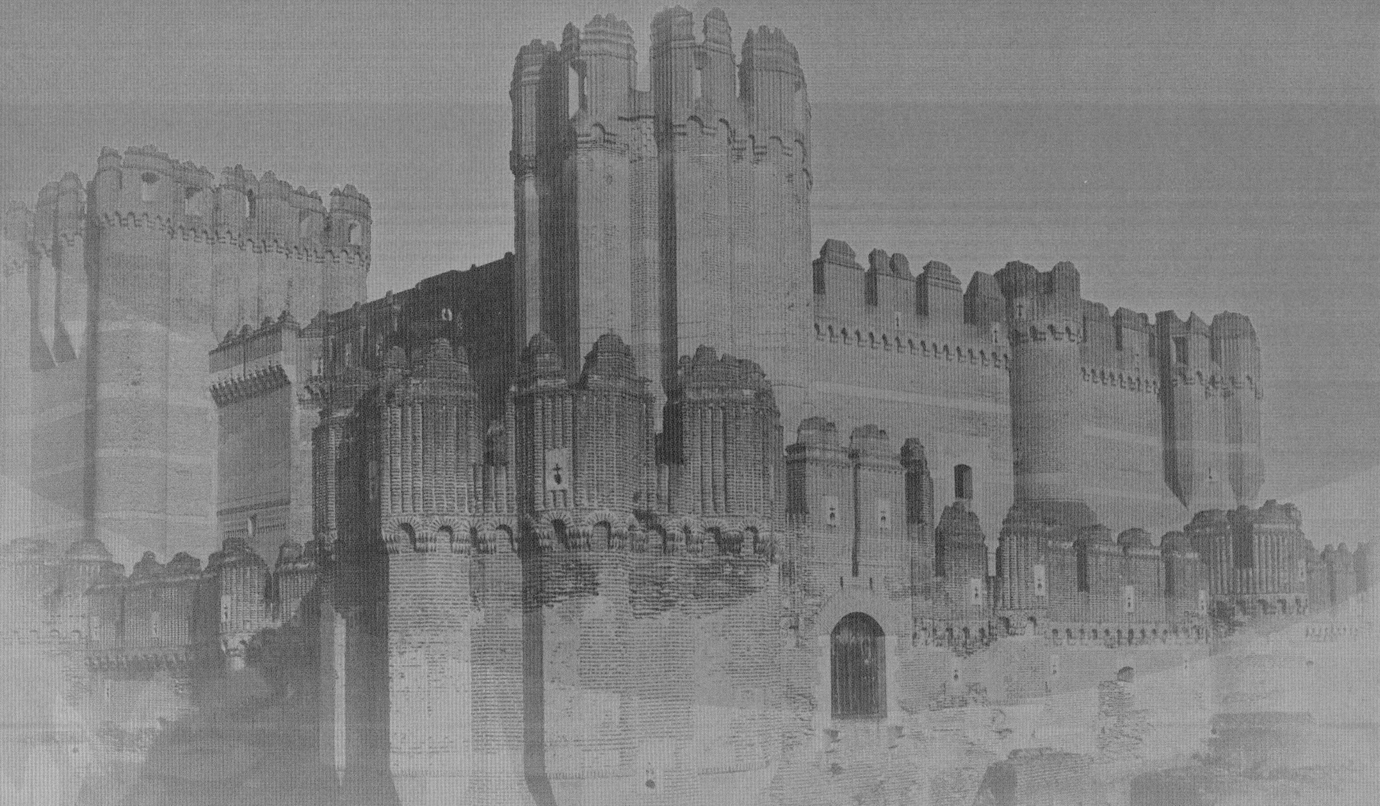

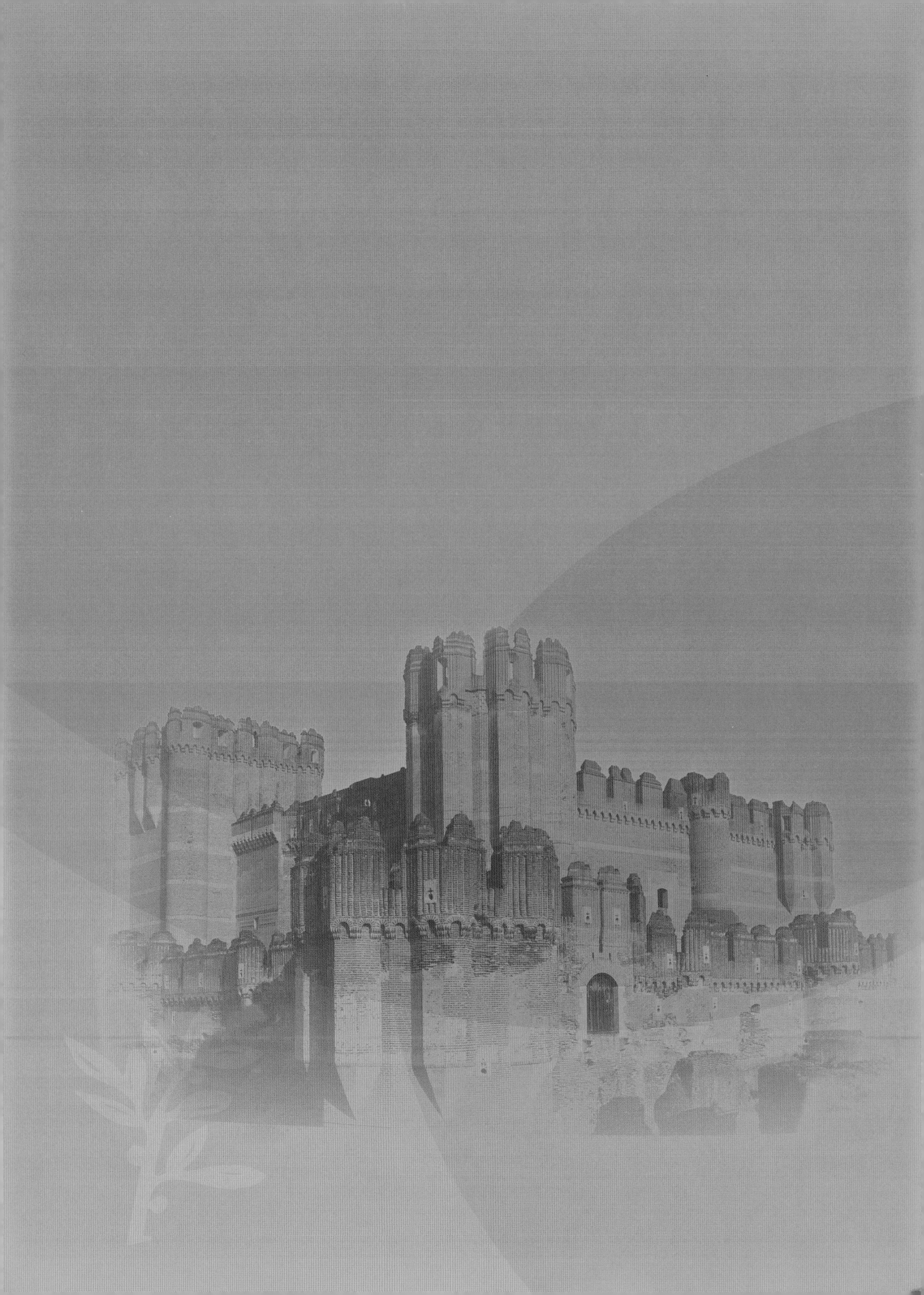

EINFÜHRUNG

Das Frankenreich und auch das Heilige Römische Reich deutscher Nation prägten das mittelalterliche Europa. Karl der Große konnte im 8. Jahrhundert fast ganz Mitteleuropa in seinem Reich vereinen. Sein Anliegen war die Erneuerung des Römischen Reiches unter fränkischer Vorherrschaft, das er gleichzeitig auch mit Eroberungszügen und der Missionierung der heidnischen Germanen und Slawen in Nord- und Osteuropa verband.

Das Christentum war im Laufe des Mittelalters schließlich bis in den letzen Winkel des Kontinentes vorgedrungen. Zugleich beeinflusste es die Politik: Der Kaiser sah sich als von Gott eingesetzt und beanspruchte deshalb auch die Macht über die Kirche. Jedoch sah sich der Papst in Rom als deren oberster Vertreter. Im Streit darüber kam es zur Wahl von Gegenpäpsten, der Doppelbesetzung von Bischofsstellen oder anderen Posten und sogar zu kriegerischen Feldzügen.

Im späteren Mittelalter bildeten sich mehrere Bewegungen mit christlichen Weltanschauungen, welche von der Lehre der katholischen Kirche abwichen. Diese „Abweichler" wurden mit allen Mitteln als Ketzer verfolgt. Gleichzeitig erlebte der „Hexenglaube" einen neuen Aufschwung. Besonders oft wurden Frauen als Hexen bezichtigt und auf dem Scheiterhaufen verbrannt. Die Verhörmethoden waren weniger zur Wahrheitsfindung, dafür umso mehr zur Bestätigung der eigenen Vorurteile geeignet.

Die Gesellschaft war geprägt durch die religiösen Vorstellungen. Lesen und schreiben konnten nur wenige und so war die Mehrheit der Bevölkerung auf die Worte der Prediger in den Kirchen angewiesen. Diese vermittelten vor allem die Aussicht auf ein besseres Leben nach dem Tod. Denn dem Volk ging es schlecht. Kirche und weltliche Fürsten waren die Haupteigentümer des Landes. Die Abhängigkeit der Bauern von diesen Grundherren wuchs ständig und damit auch Armut und Elend.

Die Einsicht und das Aufbegehren gegen diesen so genannten „Feudalismus" im 16. Jahrhundert markiert gleichzeitig das Ende des Mittelalters. Bis dahin war auch jede Wissenschaft der kirchlichen Lehre unterworfen, so dass nennenswerte Fortschritte ausblieben.

Ab dem 11. Jahrhundert empfand man in Europa die Ausweitung des Islam im Nahen Osten und in Afrika als Bedrohung. Um dieser entgegen zu wirken, wurde von der Kirche zu Kreuzzügen aufgerufen. Der Begriff selbst bezieht sich im engeren auf die Orientkreuzzüge (allerdings ist sich hier die Forschung uneinig) und wurde auch erst ab dem 13. Jahrhundert in dieser Form geprägt. Davor wurden diese Züge als „bewaffnete Pilger- oder Wallfahrt" bezeichnet. Neben diesen Orientkreuzzügen gab es die Ketzerkreuzzüge (Katharer; oder auch Albigenser), die Heidenkreuzzüge (Wenden, Finnen, Balten), den Kreuzzug gegen die Ostkirche, den Kreuzzug gegen die aufständischen Stedinger sowie Kreuzzüge gegen politische Gegner und diverse kleinere Kreuzzüge. Der erste Kreuzzug mit dem Ziel der Rückeroberung Palästinas fand von 1096-1099 statt. Von 1443-1444 fand ein, meist als letzter eingestufter, Kreuzzug gegen das Osmanische Reich statt.

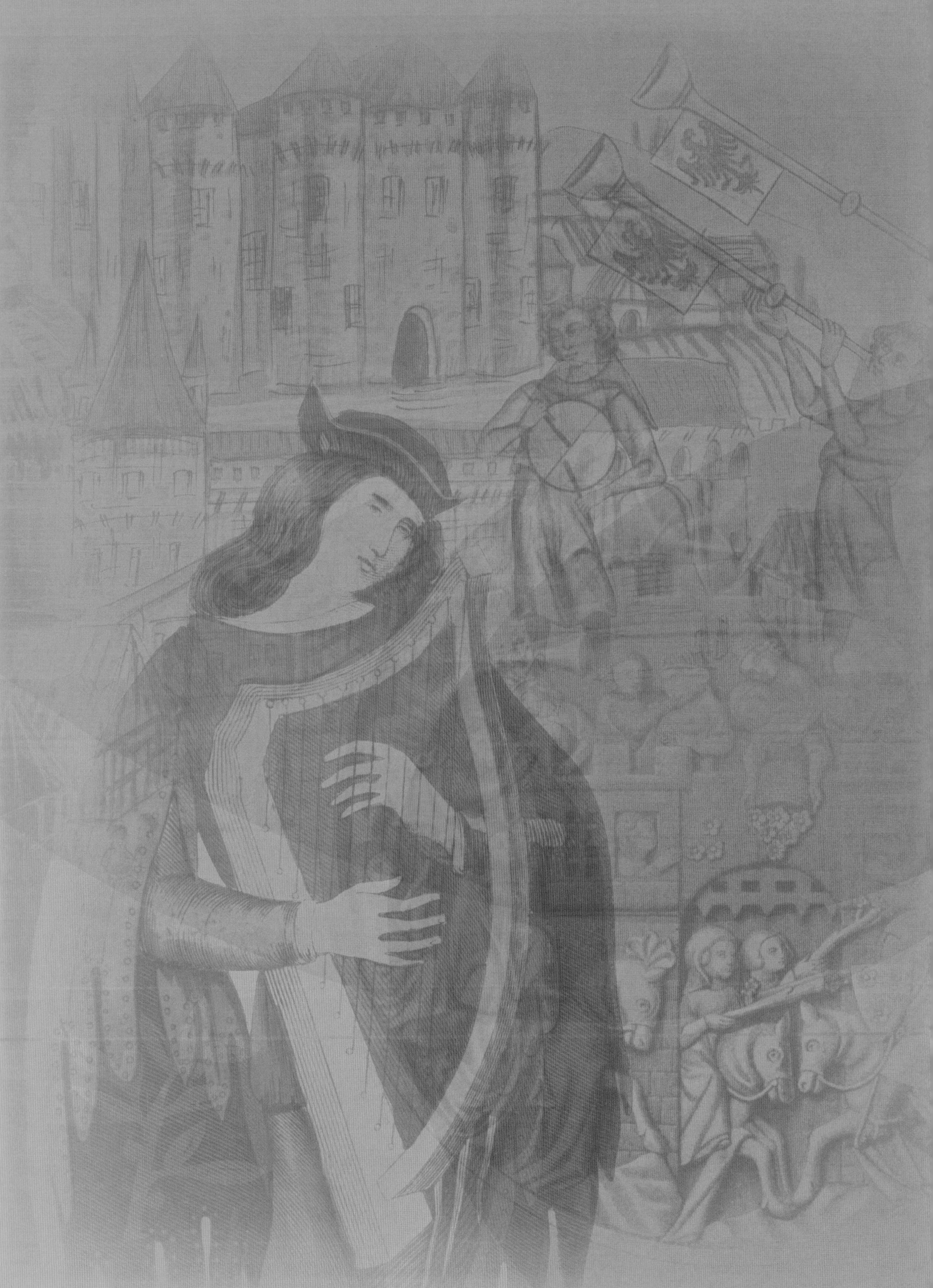

Kapitel 1: Leben im Mittelalter

Die mittelalterliche Gesellschaft war in Stände unterteilt. Sie ergab sich im Großen und Ganzen aus den Tätigkeitsbereichen: Gebet, Kampf sowie Ackerbau und Handwerk und unterteilte sich dementsprechend grob in drei Stände: Klerus, Adel sowie freie Bauern und Bürger. Eine weitere Untergliederung war, zumindest in Europa, unter der Berücksichtigung verschiedener Merkmale (etwa Berufsstand, Innehabung bestimmter Rechte etc.) üblich.

Städte standen oft unter einem Schutzherren, der die Markt- oder Münzrechte verlieh. Besonders in den so genannten freien Städten bildete sich ein Zunftsystem heraus, in dem die Handwerker nach „Gewerken" organisiert waren. Auch die Kaufleute organisierten sich in solchen Zünften. Die Stadträte und der Bürgermeister wurden aus dem Kreis der Wohlhabendsten gewählt.

Die Eigentumsverhältnisse auf dem Land beruhten auf Besitz und der Vergabe von Lehen, die durch das Lehnsrecht geregelt wurden. Die Spitze dieses Feudalsystems bildete der König. Ganz unten standen die Hörigen (Bauern, die in Abhängigkeit von einem Grundherren geraten waren. Abgaben- und Fronpflichten waren an das bewirtschaftete Gut gebunden.) und Leibeigenen (diese waren persönlich vom Grundherren abhängig und ihre Leistungspflicht war personengebunden) samt ihren Familien – oft in einem Zustand völliger Abhängigkeit und weitgehender Rechtlosigkeit.

Die vielleicht bekannteste Kunstform des Mittelalters ist der Minnesang, der an den Adelshöfen gepflegt wurde. Er handelte von höfischen Tugenden und ritterlichen Idealen.

Der Grad der Prachtentfaltung eines Hofes hing von der Größe des Grundbesitzes und der Anzahl der darauf beschäftigten Bauern ab. Kleinere Fürstentümer orientierten sich in der Regel an der Lebensweise des Hochadels und versuchten diese nachzuahmen.

GELDWIRTSCHAFT

Geld trat als Zahlungsmittel im Laufe des Mittelalters immer häufiger an die Stelle von Naturalien oder Tauschgeschäften.

Den Bauern wurde Land gegen Bezahlung verliehen oder verpachtet. Die Grundherren verlangten zunehmend von ihnen eine Geld- statt einer Naturalrente. Die Bauern konnten sich von bestimmten Frondiensten loskaufen oder sich verschulden.

Die Kirche verbot, gegen Zins zu leihen. Doch dieses wurde immer häufiger umgangen. So erlaubte 1224 sogar das Generalkapitel der Zisterzienser (Mönchsorden) die Verpachtung aller Ländereien und Betriebe des Ordens gegen Zins. Zum Handel schrieb der Dominikaner Thomas von Aquin: „Wenn man Handel im Hinblick auf das Gemeinwohl betreibt, wenn man anstrebt, dass im Land die lebensnotwendigen Dinge nicht fehlen, so ist der Gewinn nicht das Ziel, sondern nur Entschädigung für die Arbeit." Besonders um größere Geschäfte zu tätigen, ergänzte man den Heller um den Silbergroschen, der zur Grundlage des Währungssystems wurde. Bis dahin wurde oft mit dem byzantinischen Besant bezahlt.

In Venedig brachte man ab 1192 Groschengeld in Umlauf. In der Champagne versuchte der Graf der Champagne, mit der Herausgabe von Geldsorten Einfluss und Kontrolle über die Geldgeschäfte in seiner Region wie auch international auszuüben.

Zu noch mehr Unabhängigkeit des Westens gegenüber dem byzantinischen Besant und dem arabisch-islamischen Dinar trug die Wiederaufnahme der Prägung von Goldstücken bei. So gab man 1252 in Genua den Goldgulden, 1263 in Frankreich den Goldtaler und 1284 in Venedig den Golddukaten heraus.

Zuerst dienten diese Prägemünzen repräsentativen Zwecken – wie die „Goldaugusttaler", die Kaiser Friedrich II. 1231 schlagen ließ. Das königliche Wappen auf dem Taler des französischen Königs Ludwig IX. besaß deshalb eher eine symbolische Bedeutung, als dass es einen Handelswert zum Ausdruck brachte.

Karl V.

Nachdem er bereits Burgund und Spanien geerbt hatte, wollte Karl V. die deutsche Königskrone. Dafür lieh er sich beim Bankhaus Fugger riesige Summen für Bestechungsgelder.

FEUDALISMUS

Der Feudalismus ist eine Gesellschaftsstruktur, in der die Grundherrschaft in den Händen des Königs liegt, der sie wiederum an freie Adelige vergibt, die für ihn Hoheitsrechte (Kontrolle über Gesetzgebung, Gerichtsbarkeit...) ausüben. Die Entwicklung vom Gemeinschaftseigentum zum Feudalismus verlief in Westeuropa schneller als im Osten.

Im Westen

Während in der fränkischen Gesellschaft der Merowinger noch die Mark, eine freie bäuerliche Gemeinde, überwog, bildete sich im 8. und 9. Jahrhundert ein abgestuftes System von Abhängigkeiten:

Es gab den persönlich freien, aber von einem Schutzherren abhängigen, Bauern, der dessen Land pachtete. Die kleineren Bauern waren auf Grund ihrer Armut und der primitiven Technik oft nicht in der Lage, ihre Wirtschaft zu erhalten oder gar zu erweitern. Verloren sie durch Missernten ihr Eigentum an Boden, fielen sie in den Stand eines Hörigen ab und wurden unfreie, vom Grundbesitzer abhängige Bauern. Die Mehrheit der abhängigen Bauern waren Leibeigene – der Feudalherr hatte Eigentumsrechte an diesen. Die einzige Einschränkung war: Der Feudalherr durfte seine Bauern nicht töten.

Wie der Staat zur Festigung der Feudalverhältnisse beitrug, kann man einem karolingischen Erlass von 847 entnehmen, der alle freien Menschen (Bauern) aufforderte, sich einen Senior (Herrn) zu suchen.

Große Feudalherren erhielten vom Staat eine Immunitätsurkunde und nahmen ohne königliche Kontrolle weitreichende Gerichts- und Verwaltungsfunktionen wahr. Unter den Karolingern trug diese Immunität auch zur Lockerung der Bindungen zwischen Adel und Königs- bzw. Kaisermacht bei. Gleichzeitig konnten die Feudalherren damit die Bauernschaft im Zustand völliger Abhängigkeit halten.

Im Osten

In Deutschland vollzog sich die feudale Entwicklung langsamer als im westlichen Europa, da die deutschen Länder nicht unter römischer Herrschaft – in der Großgrundbesitz die Regel war – gestanden hatten.

In den Markgenossenschaften des ursprünglich freien Germaniens dagegen existierten freie Bauern noch längere Zeit neben lehnsgebundenen weltlichen und kirchlichen Gütern. Fiel ein freier Bauer in den Stand eines hörigen Bauern, musste er sich zur Zahlung einer Natural- und Geldrente verpflichten und wurde maximal sechs Wochen im Jahr zur Fronarbeit herangezogen.

Leibeigene im west- und ostfränkischen Reich dagegen mussten außer Abgaben in Naturalien zusätzlich jede Woche drei Tage auf den Ländereien ihrer Herren unentgeltlich arbeiten.

Burg mit Ansiedlung
Das Land gehörte wenigen Adeligen, die gleichzeitig die Gerichtsbarkeit ausübten. Die meisten Bauern in ihrem Gebiet waren Leibeigene.

„Hörige" Bauern mussten ihrem Grundherrn hohe Zinsen bzw. Abgaben zahlen.

Von den Erträgen, die unfreie Bauern auf ihren Feldern erwirtschafteten, mussten sie einen Teil an ihren Herrn abgeben.

Bauern verloren ihre Freiheit zunehmend durch den Feudalismus und wurden zu „Hörigen".

LANDWIRTSCHAFT

In Mittel- und Nordeuropa bildete die Landwirtschaft die Grundlage der Volkswirtschaft. Der Handel, der ursprünglich von den römischen Städten ausgegangen war, kam fast ganz zum Erliegen, als sich das weströmische Reich auflöste und die Städte zerfielen.

Betrieben wurde die Landwirtschaft überwiegend als Familienbetrieb. Neben dem selbstständigen Hof, der von einem freien „Vollbauern" bewirtschaftet wurde, bestanden zunehmend Abhängigkeiten, die unter dem Begriff „Grundherrschaft" zusammengefasst werden.

Um die wachsende Bevölkerung versorgen zu können, musste mühevoll Urwald für neues Ackerland gerodet werden; Kunstdünger zur Steigerung der Erträge existierte noch nicht. Wie zeitgenössische Aufzeichnungen belegen, fürchteten die Menschen dieser Zeit neben den Kriegen vor allem Missernten, Hunger und Viehseuchen.

Die Dreifelderwirtschaft, die ab dem 6. Jahrhundert die Zweifelderwirtschaft ablöste, bedeutete einen enormen Fortschritt. Auf drei großen Flurstreifen, die „Gewannen" genannt wurden, wechselten sich jetzt in jährlichem Rhythmus Sommergetreide (Hafer und Gerste), Wintersaat (Weizen und Roggen) und die Zeit des Brachliegens (Brache) ab. Auf den jeweils unbebauten Gewannen weidete das Vieh und sorgte für die Düngung.

Durch die Einführung des Scharpfluges, der Sichel und der Sense aus Metall konnten die Erträge beträchtlich gesteigert werden. Dies war – angesichts der ständig anwachsenden Bevölkerung – eine unbedingte Notwendigkeit.

Um Eisen schmieden zu können und auch für die neue Glasherstellung, brauchte man als Brennstoffe Holz und Holzkohle. Der Waldbestand in Mitteleuropa wurde fast ganz abgeholzt. Deshalb begannen im Jahre 1113 Mönche im belgischen Herzogtum Limburg den ersten Steinkohlebergbau unter Tage. Die ersten Hochöfen in Europa entstanden im 13. Jahrhundert in Schweden, in denen aus Eisenerz Roheisen geschmolzen wurde.

Die Windmühlen, die die Kreuzfahrer in Persien (10. Jahrhundert) kennen gelernt hatten, wurden in Europa weiterentwickelt und verbessert. Der älteste europäische Windmühlentyp ist die Bockwindmühle, welche ab dem 12. Jahrhundert besonders in Belgien und Nordfrankreich anzutreffen war und später über ganz Nordeuropa und das Baltikum verbreitet wurde.

Das genaue Auftreten der ersten mechanischen Uhren ist nicht bekannt. Die erste urkundliche Erwähnung im Jahr 1335 bezieht sich auf ein Gerät in Mailand. Diese Uhren läuteten buchstäblich eine neue Ära im öffentlichen Leben ein und sie begannen den Alltag zu bestimmen. Galt bislang die stillschweigende Übereinkunft, dass jede Tätigkeit ihre besondere Zeit und ihren besonderen Ort hatte, wurden nun für jedermann verbindliche Arbeitszeiten und Schulstunden festgelegt.

Schuldknechtschaft

Der folgende Text – eine im Namen eines Bauern verfasste Urkunde – stammt aus der Epoche, in der fränkische Bauern flächendeckend hörig wurden. Er zeigt exemplarisch, wie existentiell die Gründe waren, die freiwillig oder unfreiwillig in die Abhängigkeit führten:

Meinem Bruder: „Alle wissen, dass äußerste Not und drückende Sorgen mich befallen haben und ich mich weder zu kleiden, noch zu nähren vermag. Daher hast du dich auf meine Bitte nicht geweigert, mir in höchster Not von deinem Gelde soundsoviel Soldi zu geben; aber ich habe nichts, um dir diese Soldi zurückzugeben. Daher bat ich dich, die Verknechtung meiner freien Person vorzunehmen und zu bestätigen damit du von nun an volle Freiheit hast, mit mir alles zu tun, was du mit deinen geborenen Knechten zu tun berechtigt bist, nämlich verkaufen, eintauschen und bestrafen." (MGH, Formulae, ed. Zeumer, S.187 aus: Cartae Senenicae Nr. 4).

So gab es nebeneinander freie und reiche Bauern, mittlere und arme Pächter und auch leibeigene Bauern. Letztere waren in ihrer Bewegungsfreiheit stark eingeschränkt, doch auch ihren Herren waren Grenzen gesetzt. So wie Freie über die Schuldknechtschaft zu Leibeigenen werden konnten, konnten Leibeigene auch wieder zu Freien werden, vorausgesetzt, dass sie die entsprechende Ablösungssumme aufbringen konnten.

Der Scharpflug wurde ebenso wie Sense erst im Hochmittelalter (11. bis Mitte 13. Jahrhundert) in die europäische Landwirtschaft eingeführt.

Große Ländereien besaßen auch die Klöster. Feldarbeit verrichteten aber nur einfache Mönche.

LEHNSWESEN

Ursprünglich war ein Lehen (lat. feudum) die Belohnung, die ein Getreuer oder Gefolgsmann (Vasall) für seine Dienste von seinem Herren erhielt. Diese Belohnung bestand nicht aus Geld, sondern aus Naturalien, Land und Bodenrechten, letztere nur leihweise, allerdings auf Lebenszeit.

Große Fürsten und Könige belehnten ihre Vasallen (Lehnsmänner) teilweise mit so großen Ländereien, dass diese sie nicht mehr selbst verwalten konnten. Also belehnten diese ihrerseits Klein- oder Aftervasallen, was der mittelalterlichen Wirtschaft die Struktur einer Pyramide gab, an deren Spitze der König stand.

Das System von gegenseitigen Abhängigkeiten, das einerseits die Untertanen zum Dienst und zur Gefolgschaft (Treue), andererseits die Fürsten und Könige zum Schutz ihrer Untertanen verpflichtete, beruhte weitgehend auf persönlichen Bindungen.

Also versuchten sich die Kronvasallen unter schwachen Königen aus ihren Bindungen und Verpflichtungen zu lösen und strebten die Erblichkeit der Lehen an. Mitunter schlossen sich die Vasallen auch zusammen, um den König gemeinsam zu entmachten.

Die kleinen Vasallen befanden sich dann in der Zwickmühle, denn sie schuldeten dem unmittelbaren Lehnsherrn ebenso die Treue wie dem König/Kaiser als höchster Autorität.

Assisen

Die „Assisen von Jerusalem" genannten Aufzeichnungen von feudalen Bräuchen und Praktiken sind ein Dokument für die feudale Ordnung im Königreich Jerusalem.

Bauern – in der Regel leibeigene Araber, Syrer oder andere Hörige – hatten für ihr Stück Land eine Feudalrente zu entrichten, die bis zu 50 Prozent des Ernteertrages ausmachen konnte.

Obwohl alle Feudalherren als Vasallen des Königs galten, war der König nur der Erste unter Gleichen. Doch für entscheidende Maßnahmen brauchte er die Zustimmung der „Hohen Kammer": einer Versammlung der größten Feudalherren. Außerdem bestand in jedem der Gebiete (auch Baronien genannt) eine Kammer der Barone.

Mit diesen Bräuchen sollte die Bevölkerung regiert und vor äußeren Feinden geschützt werden. Sie regelten auch den Militärdienst. Denn die „Assisen" verzeichneten die genauen Bedingungen, unter denen der König von seinen Vasallen Kriegsdienste einfordern konnte.

Ritter

Ritter konnten erst im späten Mittelalter ein eigenes Lehen bekommen. Zuvor übernahmen sie für einen bestimmten Herrn den Kriegsdienst. (Grabmal des Ritters Weikhart Frosch in der Katharinenkirche zu Frankfurt a. M.)

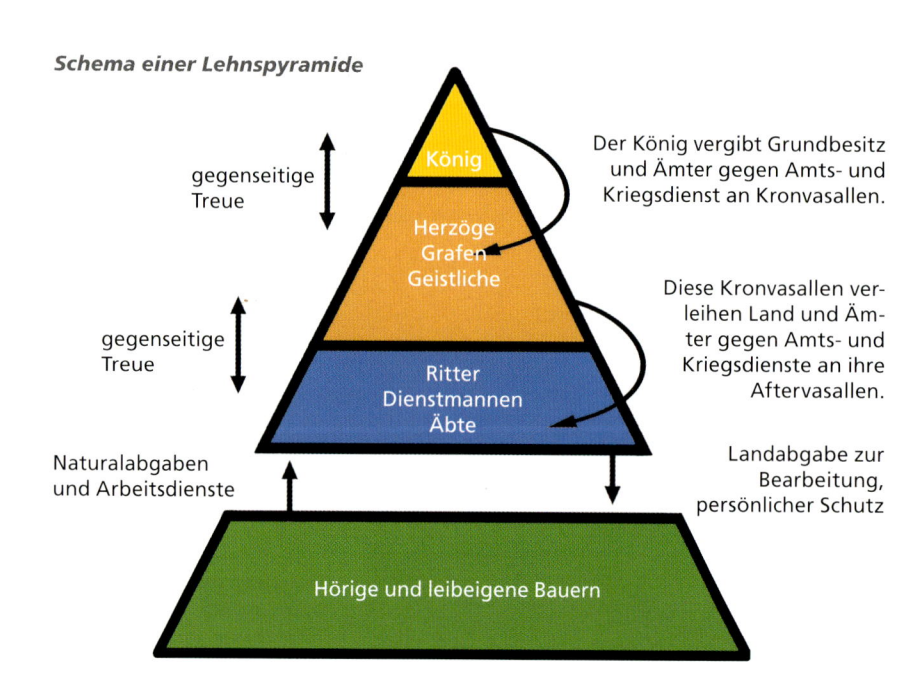

Schema einer Lehnspyramide

- König
- Herzöge, Grafen, Geistliche
- Ritter, Dienstmannen, Äbte
- Hörige und leibeigene Bauern

gegenseitige Treue

Der König vergibt Grundbesitz und Ämter gegen Amts- und Kriegsdienst an Kronvasallen.

Diese Kronvasallen verleihen Land und Ämter gegen Amts- und Kriegsdienste an ihre Aftervasallen.

Naturalabgaben und Arbeitsdienste

Landabgabe zur Bearbeitung, persönlicher Schutz

Könige wie Wenzel II. von Böhmen waren zugleich Vasallen des Kaisers und Lehnsherren für die Fürsten ihres Landes.

Auch Bischöfe besaßen Land. Dieses war ein Lehen des Kaisers an die Kirche, als deren Vertreter der Bischof auftrat.

Das Mittelalter | Leben im Mittelalter

HANDEL IM MITTELALTER

Städte entstanden im Mittelalter häufig an Bischofssitzen oder dort, wo sich an großen Flüssen und Küsten Handelsstraßen kreuzten. Meist konkurrierten diese Städte miteinander, doch es kam auch zu Bündnissen wie der Hanse ab dem 12. Jahrhundert.

Sobald die Städte Markt-, Handels- und Selbstverwaltungsrechte erlangen konnten, genossen sie eine gewisse Unabhängigkeit, denn sie waren jetzt nur noch einem Reichsfürsten gegenüber tributpflichtig. Die Handelshäuser, aber auch die Handwerksbranchen, teilten sich in Gilden und Zünfte auf. Die Mitglieder wachten gemeinsam über Produktion und Absatz ihrer Güter und schützten sich so vor Konkurrenz.

Die frühen Universitäten erfreuten sich als genossenschaftlich organisierte Bildungsstätten einer vom jeweiligen Schutzherren garantierten Unabhängigkeit. So stellte um 1158 Kaiser Friedrich I. Barbarossa in einem Erlass die Studenten unter seinen Schutz und befreite die Universitätsangehörigen von Abgaben an die örtlichen Kirchen. Dieses Universitätsstatut von Bologna wirkte beispielgebend für weitere Universitätsgründungen in Europa.

Der Handel benötigte eine gewisse Anlaufzeit. Eine Ursache war die Geringschätzung der Kirche, was den Handel betraf: „Als Kaufmann kann der Mensch kaum oder niemals Gott wohlgefällig sein." Andererseits hatte schon König Pippin der Jüngere 744 die Errichtung von Märkten angewiesen. Auch der erfolglose Versuch Karls des Großen, Rhein und Donau durch einen Kanal miteinander zu verbinden, entstand aus dem Wunsch, den Handel zwischen West- und Osteuropa zu beleben.

Die Kreuzfahrer trugen ebenfalls auf ihre Weise zum Handel bei, indem sie die Bedürfnisse nach orientalischen Handelsartikeln verstärkten. Dadurch belebte sich das Geschäft der Fernhändler, die traditionell mit Salz, Gewürz, Öl, Getreide, Fisch, Tuch, Wein und Kunstgewerbeartikeln handelten.

Mit zunehmendem Warenaustausch wuchs das Bedürfnis nach „handlichem" Geld. Die ersten Münzstätten wurden von Bischöfen, Äbten und Herzögen kontrolliert. So war zum Beispiel eine als „Karls Pfund" bezeichnete Silberwährung (1 Pfund = 435 Gramm) bis zum 13. Jahrhundert in Gebrauch.

Kriegsherren finanzierten ihre Truppen oft dadurch, dass sie einfach neue Münzen mit einem geringeren Metallgehalt prägen ließen. Die Differenz zum alten Geld konnten sie als Gewinn, den „Schlagschatz", verbuchen.

Eine andere Art der Geldvermehrung betrieb die Familie Fugger in Augsburg, die sich zunächst eines der größten Handelshäuser des mittelalterlichen Europas aufbaute. Sie begann schon früh mit dem Verleih von Geld gegen Zinsen und entwickelte sich zu einer der größten Banken Europas. Da auch Kaiser Maximilian I., Kaiser Karl V. und sogar der Papst zu ihren Schuldnern zählten, gewann die Familie bald einen direkten Einfluss auf Politik und Wirtschaft.

Die Bevölkerung der Städte wurde mit Lebensmitteln aus dem Umland versorgt, die auf Karren transportiert wurden.

Die Hanse

Im Fernhandel transportierte man die meisten Waren per Schiff, so dass sich vor allem Städte an Küsten und an großen Flüssen dem Bund der Hanse anschlossen. In den Hansestädten regierten im Gegensatz zum übrigen Land nicht Fürsten, sondern Bürger, besonders Kaufleute.

GEWERBE IN FLORENZ

Im Hochmittelalter existierten in Florenz viele Gewerbe, für die die einzelnen Handwerker eine Lizenz benötigten. Jedes Gewerbe, auch Zunft genannt, hatte seinen eigenen Schutzheiligen. Die Läden befanden sich oft gemeinsam in einer einzigen Straße. Am Ende des 13. Jahrhunderts waren in Florenz 21 Gewerbe anerkannt. Einige davon waren:

• Intelligenz/Kopfarbeit: Finanziell hatte es die Intelligenz (Gelehrte) nicht leicht. Denn ihr Einkommen war meist nur zeitweise gesichert – je nachdem, ob ihre Werke den Herrschenden gefielen oder nicht. Entsprachen sie nicht deren Auffassung oder Politik, mussten die Gelehrten oft ins Ausland fliehen. Viele ließen ihre Werke dann unter falschem Namen drucken, um es trotzdem veröffentlichen zu können.

• Richter und Notare: Sie waren das wichtigste Gewerbe, da Richter in die Angelegenheiten aller anderen Gewerbe eingriffen. Notare kümmerten sich um Verträge und Unterlagen. Ihr Schutzheiliger war Sankt Lukas, der Evangelist.

• Wollarbeiter und Wollhändler: Florenz war ein Zentrum des Textilhandels und der Bearbeitung importierter Wolle. Am Dom findet sich das Wappen der Wollarbeiter (weißes Agnus Dei auf blauem Feld). Diese wurden mit der Finanzierung des Dombaus beauftragt. Schutzheiliger der Wollarbeiter war Sankt Stephan, der der Wollhändler war Sankt Johannes, der Täufer.

• Ärzte und Gewürzhändler. Zu ihnen gehörten auch die Hersteller von Medikamenten und Maler, die bei Gewürzhändlern ihre Farben kauften. Ihre Schutzheilige war die Madonna mit Kind.

• Flachshändler und Trödler: Sie stellten Stoffe, Tischtücher und Leinentücher her. Die Trödler verkauften gebrauchte Kleider und Hausrat. Ihr Schutzheiliger war Sankt Markus, der Evangelist.

• Gasthofbesitzer: Sie hatten das Recht, von Gästen, die ihre Rechnung nicht zahlen konnten, das Gepäck einzubehalten. Ihr Schutzheiliger war Sankt Julius.

• Harnischschmiede und Schwertfeger: Sie stellten Helme, Schwerter, Hellebarden, Armbrüste und Harnische her. Ihr Schutzheiliger war Sankt Georg.

Handwerker waren Zünften zugeteilt, die nur eine begrenzte Anzahl von Mitgliedern aufnahmen.

Die Fugger
(14. bis 16. Jahrhundert)
Bank- und Handelsfamilie

1348 Geburt von Johann Fugger.

1367 Johann Fugger lässt sich als Weber in Augsburg nieder und gründet das gleichnamige Handelshaus. Nach seinem Tod übernehmen seine Söhne und Enkel das Geschäft.

1470 Jakob II. erwirbt zahlreiche Kupferminen in Ungarn, Kärnten, Tirol und Spanien. Damit besitzt die Familie das Kupfermonopol in Europa. Daneben baut er ein Bankhaus auf, das sich ebenfalls bald zum größten in Europa entwickelt. Zu den wichtigsten Kunden zählt der spätere Kaiser Karl V., der über ein Darlehen aus dem Bankhaus Fugger seine Wahl zum Kaiser finanziert. Außerdem engagiert sich die Familie in der Armenfürsorge.

1525 Übernahme des Geschäftes durch Raimund (1489 - 1535) und Anton (1493 - 1560). Sie führen das Handelshaus zum wirtschaftlichen Höhepunkt. Über ihre Bank finanzieren sie die Bewerbungen von Ferdinand I. um die Krone von Ungarn und Böhmen und die Kriege von Kaiser Karl V. gegen die protestantischen Fürsten. Über gute Kontakte zum Habsburger Handelshaus expandieren die Fugger nach Mittel- und Südamerika.

1530 Kaiser Karl V. erhebt Anton Fugger in den Stand des Reichsgrafen. Danach zieht sich Anton aus dem Handels- und Bankgeschäft zurück und kümmert sich um den Erwerb von Grundbesitz.

1540 Übernahme des Geschäftes durch Johann Jakob (1516 bis 1575). Unter ihm geht es steil bergab, denn einerseits lasten die Staatsschulden von Spanien (das Darlehen an Kaiser Karl V.) auf dem Bankhaus, andererseits begeht Johann Jakob kaufmännische Fehler.

1546 Ausscheiden von Johann Jakob aus dem Unternehmen. Sein Bruder Markus (1529 bis 1597) übernimmt die Leitung und festigt das angeschlagene Imperium.

MINNESÄNGER & HELDENDICHTUNG

Troubadoure und Minnesänger bevölkerten die Höfe zeitweise oder auf Dauer und trugen somit sehr zum Ansehen ihrer Dienstherrschaft bei. Minnedienst bedeutete, eine hochstehende, adelige Frau zu verehren und platonisch zu lieben.

Deutsche Minnesänger traten seit 1170 an den Adelshöfen auf, um vornehmen, verheirateten Burgdamen zu huldigen. Sie waren oft Dichter, Komponist und Instrumentalist in einer Person und trugen ihre Verse häufig zur Fidel, Laute oder Harfe vor. Parallel zu den Ritterturnieren veranstalteten sie oft Sängerwettbewerbe.

Der Sänger der hohen Minne verehrte eine unerreichbare, adelige Frau, er widmete ihr Verse und Gesang und stellte sich in ihren Dienst, ohne sie zu begehren. Dabei übte er sich in den höfischen Tugenden Ehrenhaftigkeit und Heldentum. Die Dame seiner Wahl unterstützte und förderte ihn dabei. Walther von der Vogelweide gehörte zu den ersten Minnesängern, die sich neben der traditionellen „hohen" Minne auch der „niederen Minne" zuwandten. Die „nie-

Walther von der Vogelweide
(um 1170 bis 1230)

um 1170
wahrscheinlich im niederöstereichischen Waldviertel geboren, vermutlich geringer Herkunft. Er lebte einige Zeit am Hof Leopold V. in Wien.

ab 1214
Stellung am Hof Friedrichs II.. Zuvor unterstützen ihn verschiedene Fürsten (Landgraf H. v. Thüringen, Markgraf Dietrich von Meißen) oder er ist als fahrender Sänger unterwegs.

um 1220
erhält er von Kaiser Friedrich II. ein Lehen.

1228/29
entstehen vermutlich seine letzten Lieder. Bekannt sind davon insgesamt 72 Lieder mit mehreren Strophen, 140 Sangsprüche und Spruchdichtungen mit religiösem, politischem, moralischem und ethischem Inhalt sowie Liebeslyrik. Lediglich drei Melodien sind erhalten: „Nu alerst lebe ich mir werde", „Wie solt ich den geminnen" und „Mir hat ein Lieht von Vranken".

um 1230
gestorben. Wahrscheinlich liegt er im Kreuzgang des Neumünsters in Würzburg begraben.

Im 18. Jahrhundert
werden seine Werke vor allem durch L. Uhland und J.J. Bodmer wieder entdeckt.

Minnesänger, oft Ritter, eroberten ihre angebetete Dame zwar mit Gesang und Dichtung, aber nicht körperlich, wie hier symbolisch dargestellt.

dere Minne" erlaubte eine wirkliche Liebesbeziehung zu der angebeteten und besungenen Dame, und die Lieder sprachen von Liebeshoffnung und Liebesleid. Einzelne Minnesänger waren weit herumgekommen, hatten vieles mit eigenen Augen gesehen und sich an manchen Höfen umgehört und bezogen daher auch zu politischen Fragen Stellung.

Zu den bekannten Dichtern und Minnesängern gehörten Hartmann von Aue, Wolfram von Eschenbach und Gottfried von Strassburg.

Heldendichtung

Die Heldenepen des 11. Jahrhunderts in Frankreich und des 12. Jahrhunderts in Deutschland entwickelten sich gleichzeitig mit der höfischen Epik aus frühen Heldenliedern. Diese Frühform der Heldendichtung wurde mündlich übertragen und vom 5. bis 8. Jahrhundert gepflegt. Während die frühen Epen meist tragische Kämpfe Einzelner mit den Schicksalsmächten schilderten, verarbeiteten spätere Werke immer häufiger christlich geprägte Themen.

In der Edda wurden Götter- und Heldenlieder der Kelten zu einer Sammlung vereinigt. Das Nibelungenlied (um 1200 aufgezeichnet) zeigte deutliche Bezüge zur germanischen Mythologie. Das Rolandslied (um 1100) verherrlichte und verklärte den Kampf Rolands unter Karl Martell gegen die Araber.

Im 12. Jahrhundert schuf Chrétien des Troyes ein bedeutendes Versepos mit Motiven aus dem Leben des sagenumwobenen Königs Artus.

Minnesänger mit Harfe

> **So verurteilte Walther von der Vogelweide die Machtansprüche des Papstes gegenüber dem König- und Kaisertum der Staufer und unterstützte den jungen Staufer Friedrich II..**
> **In einem Spruch heißt es:**
>
> „Ahi, wie christlich kann der Papst ins Fäustchen lachen. Wenn er bei seinen Welschen triumphiert: so muss mans machen.
>
> Was er da sagt, das hätt er besser nicht gedacht. Er sagt: ich hab zwei Deutsche auf den einen Thron gebracht.
>
> Verwüsten sollen sie ihr Reich und nimmer rasten. Und wir indes zermalmen ihre Kasten.
>
> Ich treib sie an den Opferstock, ihr Hab und Gut ist mein. Ihr deutsches Silber fährt in meinen welschen Schrein.
>
> Ihr Pfaffen, schlemmt, eßt Hühner, trinkt den Wein. Und laßt die magren Deutschen Laien fasten".

Nur wenige der Lieder und Dichtungen der Minne wurden aufgeschrieben. Eine Sammlung ist die Manessische oder Heidelberger Liederhandschrift, aus der diese Kalenderbilder stammen.

BILDUNGSWESEN

Schulen wurden im 6. bis 10. Jahrhundert von Kirchengemeinden (Episkopalschulen) und Klöstern betrieben. Die Kirche legte den Unterrichtsstoff fest und wählte Schüler aus, die mit fünf Jahren eingeschult wurden. Hier fand auch die Ausbildung künftiger Prediger zur Verbreitung der kirchlichen Lehre statt.

Dem damaligen Weltbild der Kirche entsprechend war die Erde eine von Wasser umflossene Scheibe, in deren Mitte Jerusalem lag. Fern im Osten befand sich das Paradies. Die Vorstellung von der Erde als Kugel wurde mit dem Hinweis abgelehnt, Menschen könnten auf der Seite gegenüber unmöglich mit dem Kopf nach unten laufen.

Die „modernen" Ansichten von Philosophen und Naturwissenschaftlern der Antike wurden der jeweils gültigen Lehre der Kirche angepasst. Es war die Regel, dass der kirchlichen Lehre widersprechende Passagen von den Mönchen getilgt wurden: Kostbare Pergamente wurden so gesäubert, das heißt abgekratzt, um auf ihnen Klosterchroniken zu verfassen.

Die antiken „Sieben freien Künste" – Grammatik, Rhetorik, Dialektik, Arithmetik, Geometrie, Astronomie und Musik, wurden zwar auch an den Klosterschulen gelehrt, den Vorrang bei der Erziehung genossen jedoch das Auswendiglernen von Gebeten, Lesen lateinischer Texte und die Beherrschung der Gottesdienstordnung. Die Schüler schrieben anfangs mit Griffeln auf Wachstafeln, später mit Federn auf Pergament. An den Klosterschulen wurden besondere Begabungen gefördert, sie waren auf diese Weise für viele Schüler der einzige Weg zu Anerkennung und sozialem Aufstieg.

Einige Mönche spezialisierten sich auf das Abschreiben von Büchern, denn nur so ließen sich Schriftstücke vervielfältigen.

Text aus einem in Dialogen abgefassten Lehrbuch der Zeit zwischen dem Lehrer Alkuin und Pippin, Sohn Karls des Großen:

Pippin: Was ist ein Buchstabe?
Alkuin: Ein Wächter der Geschichte.
Pippin: Was ist ein Wort?
Alkuin: Ein Verräter der Seele...
Pippin: Wem ist der Mensch ähnlich?
Alkuin: Einer Frucht.
Pippin: Wie ist der Mensch gestaltet?
Alkuin: Wie ein Lämpchen im Winde.
Pippin: Was ist der Kopf?
Alkuin: Der Gipfel des Leibes.
Pippin: Was ist der Leib?
Alkuin: Eine Wohnstätte der Seele...
Pippin: Was ist der Winter?
Alkuin: Ein Vertreiber des Sommers.
Pippin: Was ist der Frühling?
Alkuin: Ein Maler der Erde.

DIE PEST

Schon während der großen Völkerwanderung hatte sich die Beulenpest im Jahr 543 von Rom aus über Europa, Nordafrika und den Vorderen Orient ausgebreitet.

Von diesem Zeitpunkt an bis zum Ausbruch der größten Pest-Pandemie des europäischen Mittelalters im Jahr 1347, war die Bevölkerung um das Siebenfache angestiegen. Die Pest breitete sich vom Orient über die europäischen Staaten aus, in denen die intensivierte Landwirtschaft immer mehr Menschen ernähren konnte. Etwa 20 bis 30 Prozent der Bevölkerung starben an der Krankheit. In jenen Städten, in denen es weder Kanalisation noch Abfallbeseitigung gab, konnte sich die Seuche besonders schnell ausbreiten. Bisher nicht ganz geklärt ist der Übertragungsweg. Während in der Vergangenheit nur eine Übertragung durch Rattenflöhe angenommen wurde, lassen neuere Erkenntnisse darauf schließen, das die Kleiderlaus ebenfalls ein entscheidender Faktor für die Übertragung sei.

Pestarzt
Durch „gewisse Maßnahmen" gegen die vermeintlich verpestete Luft, glaubte man sich vor dieser Seuche schützen zu können.

Nur die Leichenträger trauten sich während Pestepedemien auf die Straßen.

Zunahme der Bevölkerung im Zeitraum von 1200 bis 1340:

Europa: von 61 auf 73 Mio. Einwohner

Frankreich: von 12 auf 21 Mio. Einwohner

Deutschland: von 8 auf 14 Mio. Einwohner

England: von 2,2 auf 4,5 Mio. Einwohner

Florenz: von 10 000 auf 90 000 Einwohner

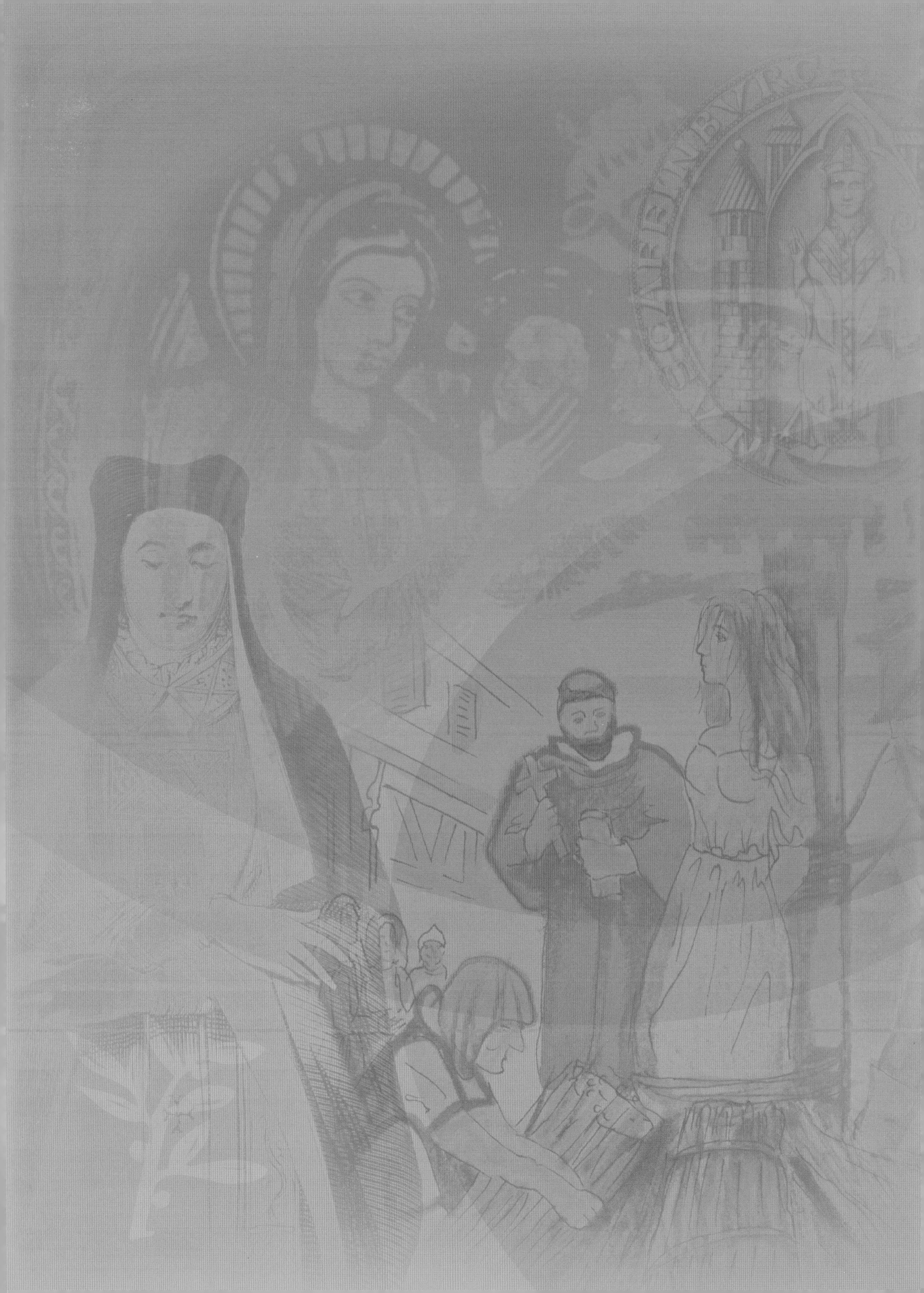

Kapitel 2: Christentum im Mittelalter

Die aus der jüdischen Religion hervorgegangene christliche Religion versprach den Menschen, die unter Hungersnöten, Armut und oft religiös motivierten Kriegen litten, eine Belohnung im Jenseits. Da die Mehrheit der mittelalterlichen Bevölkerung nicht lesen und schreiben konnte, verbreiteten die Geistlichen die Lehren Christi, betreuten ihre Gemeinden seelsorgerisch und trieben die Steuern (Kirchenzehnten) ein.

Die Gläubigen suchten vor allem eine persönliche und emotionale Beziehung zu Gott, wofür die Heiligen- und Reliquienverehrung besonders wichtig war. Einige der Menschen hielten sich sogar für die Vertreter von Gott, Jesus oder auch von seinen Jüngern auf Erden oder wurden dafür gehalten.

Das richtige Verhalten eines Christen wurde durch strenge Regeln bestimmt, die auf den Zehn Geboten beruhten. Während Heilige und Märtyrer gute Beispiele für Gottesfurcht und Rechtgläubigkeit abgaben, wurden Ketzer und später auch Hexen als Beispiel für christliches Fehlverhalten verfolgt, gequält und auch ermordet.

URSPRÜNGE DES HEXENGLAUBENS

Bereits in den ersten christlichen Jahrhunderten setzte die Diskriminierung der Frauen als „Gefäß der Sünde" oder „Werkzeug des Teufels" ein. Eine Episode aus der Bibel lieferte den Vorwand dazu: Der Evangelist Markus erzählt die Geschichte von Herodias, die zusammen mit ihrer Tochter Salomé den König Herodes Antipas zur Hinrichtung des unschuldigen Johannes des Täufers anstiftet.

Diana, Hekate, Herodias und die Germanierin Holda dienten als griechisch-römische bzw. deutsche Urbilder mächtiger, zaubernde Dämonenscharen anführender Frauen. Diana und Hekate galten auch als Schutzpatroninnen der Zauberer.

Noch im 11. Jahrhundert wurden Hexensagen von fliegenden und zaubernden Frauen ins Reich der Phantasie verwiesen, wie eine Dokumentensammlung des Burchard von Worms belegt: „Es ist daher zu verkünden, dass derjenige, der solche Dinge glaubt, den wahren Glauben verloren hat. Wer aber den wahren Glauben nicht hat, der gehört nicht Gott, sondern dem Teufel an." Und wer „solche Dinge" glaubte, konnte zu einer siebenjährigen Haftstrafe bei Wasser und Brot verurteilt werden.

DER HEXENHAMMER

Papst Innocenz VIII. verkündete in seinem Erlass (Hexenbulle) „Summis desiderantibus affectibus" von 1484: „Mit sehnlichstem Verlangen wünschen wir, wie es die Pflicht pastoraler Obhut erfordert, dass der katholische Glaube zumal in unseren Zeiten wachse und blühe und dass alle ketzerische Verworfenheit weit von den Grenzen der Kirche vertrieben werde. Daher erklären und gewähren wir gern alles das, wodurch dieser unser frommer Wunsch verwirklicht werden kann." Diese Papstbulle wurde eine Grundlage für die Verbreitung der Hexenprozesse über ganz Europa.

Frauen wurden besonders oft Opfer der Inquisition. Den Vorwand dafür lieferte die Bibelgeschichte von Herodias, Johannes den Täufer hinrichten zu lassen.

In dem „Hexenhammer" von 1486 heißt es: „Der Inquisitor macht vorläufig durch Anschlag an die Türen der Hauptkirchen eine Generalcitation bekannt, des Inhalts, dass jeder, der eine der Ketzerei oder Zauberei verdächtige Person kennt, oder etwas Verdächtiges von ihr gesehen oder gehört hat, was zum Schaden der Menschen, des Viehs, der Feldfrüchte und des gemeinen Wesens gereicht, solches innerhalb des peremptorischen Termins von zwölf Tagen ... anzuzeigen habe. Um den Leuten Muth zu machen, kann man in dieser Generalcitation mit einfließen lassen, dass derjenige Denunciant, welcher hernach seine Anklage zu erweisen nicht imstande sein sollte, nichts zu besorgen habe. Das Leugnen der Wirklichkeit der Hexerei ist Ketzerei."

Wer bei der Hexenprobe ertrank, war unschuldig, wer überlebte, galt als Anhänger des Teufels und wurde verbrannt.

Der Inquisitor Bodinus schrieb: „Es bestand die löbliche Gewohnheit, dass man einen Stock in den Kirchen hatte, darin jedem freistand, ein gerollt Papierlein zu werfen, darin des Zauberers oder Unholden Namen, samt dem Fall..."

Weiter schreibt Bodinus: „Denn diese traurigen einsamen Betrachtungen und das Elend des Kerkers machen mürbe und wir Inquisitoren haben es oftmals befunden, dass sie sich muthig vom Teufel lossagten und ihr Verbrechen bekannten."

Zum Verfahren bestimmt der „Hexenhammer": „Es soll blos summarisch ohne viele Umstände von Seiten des Gerichts verfahren werden, ohne sonstige Formalitäten; auf Exzeptionen, Appellationen, Dilationen und eine unnöthige Anzahl von Zeugen und dergleichen hat sich der Richter nicht einzulassen."

Innozenz VIII. (Giovanni Cibo)

(1432 bis 1492)

1432
geboren in Genua. Unter seiner Herrschaft verfällt die Katholische Kirche dem Nepotismus (Vetternwirtschaft) und der Korruption.

5.12.1484
Seine Hexenbulle „Summis desiderantibus affectibus" fördert den Hexenwahn in Europa. Er benennt regionale Inquisitoren, die mit allen Freiheiten ausgestattet sind und gewährt für jede überführte Hexe eine Provision.

1486
verurteilt er die Thesen von Pico Della Mirandola.

25.7.1492
in Rom gestorben.

HEXEN, MÄRTYRER, KETZER & DIE PÄPSTE

1484 erließ Papst Innozenz VIII. die Hexenbulle, ein Gesetzeswerk, mit dem er den Hexenverfolgern umfassende Vollmachten übertrug und den Gegnern der Verfolgung schwere Kirchenstrafen androhte.

Hexen

Hexen wurden für Unwetter, Viehsterben und Krankheiten verantwortlich gemacht, man sagte ihnen auch Unzucht mit dem Teufel und Ritte auf dem Besen nach. Noch im 11. Jahrhundert wurde die Verbreitung solchen Aberglaubens von der Kirche bestraft – bis zu sieben Jahre Kerker bei Wasser und Brot.

Im 15. Jahrhundert wendete sich das Blatt. Frauen wurden der Hexerei angeklagt. Sie wurden solange gefoltert, bis sie gestanden. Gestanden sie nicht, konnten sie der Wasserprobe unterzogen werden: Wenn sie beim Ertränken untergingen, waren sie unschuldig – schwammen sie, waren sie schuldig und wurden verbrannt.

Vernünftige Welterklärungen verdrängten nach dem Mittelalter den Glauben an Zauberei und Übersinnliches. Die letzte überlieferte Hexenhinrichtung in Europa fand 1793 im Großherzogtum Posen statt.

Märtyrer

Märtyrer litten und starben für ihren Glauben, dem sie auf keinen Fall abschwören wollten. Bereits die frühen Christen im antiken Römischen Reich wurden verfolgt und manchmal auch gefoltert. Die Römer sahen in der damals neuen Religion eine Bedrohung ihres Imperiums, das eigene religiöse und heidnische Kulte wie den Kaiserkult hatte.

Im Mittelalter kam schließlich mit der Märtyrerlegende eine Literaturgattung auf, die reißenden Absatz fand. In den sehr einfachen und dramatischen Erzählungen, die von Mönchen und eifrigen Pädagogen verfasst worden waren, wurde auf die Anschaulichkeit besonderer Wert gelegt. Ihr Publikum – Mitbrüder, Dienstherren und Beichtkinder – sollte von solch schaurigen Geschichten unterhalten werden und gleichzeitig moralische und christliche Lektionen erhalten.

„Sieh, da hast du meinen Leib. Geißle, brenne, schneide und peinige ihn, misshandle ihn wie du willst. Alles das dient mir nur zur größeren Glückseligkeit", sprach der heilige Donatianus laut einer solchen Heiligengeschichte.

Ketzer

Der Begriff „Ketzer" stammte von der Katharerbewegung, deren Hauptzentrum im südfranzösischen Toulouse lag. Darüber hinaus waren Ketzer Personen oder Gruppen, die sich von der jeweiligen Kirche trennten oder von dieser wegen abweichender Auffassungen (Häresie) ausgeschlossen wurden.

Die Gruppen der Katharer, Waldenser, Hussiten und andere verfolgte die Kirche mit aller Härte.

Päpste

Die ersten Päpste, die aus den Bischöfen von Rom hervorgegangen waren, bildeten den Anfang einer Kette von Oberhäuptern der katholischen Kirche.

Schon früh deutete sich der Bruch der römisch-katholischen mit der griechisch-orthodoxen Kirche von Byzanz an. Doch zum offenen Schisma (Teilung, hier speziell das große morgenländische Schisma) kam es erst 1054 durch die gegenseitige Exkommunikation des Patriarchen von Konstantinopel und des Papstes in Rom. Das morgenländische Schisma führte dann zur dauerhaften Trennung von katholischer und orthodoxer Kirche.

Im Gebiet des damaligen weströmischen Reichs gewannen jedoch die römischen Päpste an Einfluss, vor allem mit der Krönung von Karl dem Großen zum Kaiser der Christenheit. Doch die katholische Kirche musste sich immer wieder mit Fürsten auseinandersetzen, wenn diese die geistliche Macht einschränken wollten oder gar offen gegen sie rebellierten.

Zwischen 1378 und 1414 gab es sogar zwei Päpste: einen Franzosen und einen Römer. Dem zunächst gewählten römischen Papst Urban VI. verweigerten die Kardinäle bald ihre Gefolgschaft, weil er sich nicht mehr entsprechend der Würde seines Amtes verhielt. Sie wählten einen neuen Papst.

Doch Urban räumte seinen Papstthron nicht. Stattdessen wurden alle Ämter und Pfründe (Einkommen durch die Kirche) doppelt besetzt und die Anhänger des jeweils anderen Papstes mit einem Bann belegt.

Dieses Abendländische Schisma (jeweils ein Papst in Rom und einer in Avignon) dauerte von 1378 bis 1417 an und die Christenheit spaltete sich in Europa in zwei Lager. Diese Teilung der katholischen Kirche endete 1417 auf dem Konstanzer Konzil.

Insignien eines Bischofs

Zu den Herrschaftszeichen eines Bischofs, den der Papst ernannte, zählten der Hirtenstab, Ring und Siegel.

Im Mittelalter wurden besonders viele Kirchen gebaut. Sie waren auch ein Ausdruck für die ausgeprägte Religiosität der Zeit.

Menschen, die für Ketzer oder Hexen gehalten wurden, verurteilte man zu harten Strafen. Meist wurden sie auf dem Scheiterhaufen verbrannt.

Das Mittelalter | Christentum im Mittelalter | 27

KETZERBEWEGUNGEN

Alle christlichen Gemeinschaften, die deutlich von der päpstlichen Lehre abwichen, bezeichnete die katholische Kirche als Ketzerbewegungen und verfolgte sie.

Katharer

Die Katharer bildeten eine der größten und bedeutendsten religiösen Laienbewegungen des Mittelalters und breiteten sich im 12. und 13. Jahrhundert vor allem in Südfrankreich und Oberitalien aus. Sie lehnten Bilder-, Heiligen- und Reliquienverehrung ebenso wie Ehe, Eid und Kriegsdienst ab. Als kirchenkritische Bewegung wurden sie von der katholischen Kirche verfolgt und bekämpft. Toulouse galt als Zentrum der Katharer, Köln und Mainz waren die wichtigsten Außenposten.

Die Katharer, die die Taufe durch Handauflegen ersetzten, betrachteten ausschließlich den Geist als von Gott geschaffen. Alles Fleisch stamme von einem rebellischen Engel oder von einem Gott ebenbürtigen Teufel. Als Konsequenz ihrer Anschauungen verdammten sie die Ehe sowie die Sexualität und aßen weder Fleisch noch Fisch, Eier und Käse.

Das Alte Testament galt ihnen als die Geschichte von Menschen, die dem Teuflischen verfallen waren. Das Neue Testament nahmen die Katharer nur unter der Bedingung an, dass Jesus weder Mensch noch Gott, sondern nur Geist war. Kirche, Papsttum und Kirchenväter galten als Vertreter der bösen Mächte.

Obwohl die Anhänger der Katharer aus allen Gesellschaftsschichten stammten, fand ihre Lehre besonders bei Handwerkern und Arbeitern große Resonanz. In Südfrankreich wurden sie von vielen Adeligen unterstützt.

Die Katharer leisteten lange erfolgreich Widerstand gegen ihre Verfolgung. Sie hielten sogar dem Grafen Raymund V. von Toulouse stand, der Hilfe vom französischen und englischen König sowie den Segen des Abtes von Clairvaux erhielt.

Eine Strömung innerhalb der Katharer stellten die Albigenser dar, die sich nach dem 1145/55 gegründeten Bistum Albi benannten. Gegen sie wurde ein mehrjähriger Kreuzzug (Albigenserkriege 1209 - 1229) unter Führung des päpstlichen Legaten und des Heerführers Simon IV. de Montfort unternommen. Im Jahre 1209 veranstalteten Kreuzfahrer in der Stadt Béziers (Languedoc) ein Massaker, bei dem 20 000 der „andersdenkenden Christen" vernichtend geschlagen wurden.

Verurteilte Ketzer wurden zum Scheiterhaufen geführt. Ketzer waren alle, deren Weltanschauung von der Lehre des Papstes abwich.

Menschen, die als Ketzer angeklagt waren, wurde eine lange spitze Mütze aufgesetzt.

Waldenser

Die Waldenser wurden Ende des 12 Jahrhunderts in Lyon vom Kaufmann Petrus Valdus als eine Gemeinschaft religiöser Laien gegründet. Aufgrund theologischer Parallelen zur Reformation werden die Waldenser häufig als „vorreformatorisch" bezeichnet. Nach der Exkommunikation Valdus' 1182/83 und der Vetreibung aus Lyon verbreiteten sich die Waldenser zunächst in Südfrankreich (Languedoc) und waren schon 1184 in Oberitalien aktiv, wo sie u.a. bis heute existieren. Kennzeichen dieser Bewegung waren und sind die hohe Bedeutung des Bibelstudiums und der Beichte. Zudem die Verbreitung des Evangeliums durch Laienprediger, ein Leben in persönlicher Besitzlosigkeit (Armen von Lyon, Lombardischen Armen), Ablehnung von Heiligenverehrung, Kirchensatzungen, weltlicher Gerichtsbarkeit etc. Sie lehnten auch die dualistische Lehre der Katharer ab.

Humiliati
Gleichzeitig entwickelte sich in Norditalien die Bruderschaft der Humiliati. Die Mitglieder dieser Vereinigung verpflichteten sich zu einem schlichten Leben in ihren Familien. Ihre Lebensgrundlage beruhte darauf, alles Notwendige selbst herzustellen.

INQUISITION

Seit dem Mittelalter verfolgten die kirchlichen Behörden angebliche und so genannte Ketzer oder Häretiker („Abweichler"). In vielen Ländern verband sich die Inquisition (lateinisch für Untersuchung) mit der Staatsmacht, von der sie zum Teil direkt unterstützt wurde.

Eine Person, die von Dritten denunziert worden war oder sich durch Selbstanzeige als Häretiker beschuldigt hatte, musste vor der Inquisition erscheinen. Wer sich selbst anzeigte, konnte auf eine mildere Strafe hoffen, als jemand, der „überführt" worden war. Wer einer Vorladung nicht Folge leistete, wurde von der Inquisition verfolgt; auch das Verstecken von Ketzern war strafbar.

Vor der Inquisition, die sich erst in der ersten Hälfte des 13. Jahrhunderts als Institution herausbildete, galten schon zwei Zeugenaussagen als Beweis für die Schuld eines Angeklagten. Um Verhaftete zur Aussage zu zwingen und „die Wahrheit" zu sagen, wurde oft grausamste Folter angewendet, die prinzipiell vom Papst legitimiert war.

Strafen und Urteile wurden öffentlich bekannt gegeben. Mögliche Strafen waren: Wallfahrten, öffentliche Auspeitschungen, Bußgelder, Konfiszierung des Eigentums, Gefängnis oder auch der Tod auf dem Scheiterhaufen (Autodafé).

1542 richtete Papst Paul III. in Rom das „Sanctum Officium" als oberste Behörde in Glaubensfragen ein: eine Kardinalskomission, die aus sechs Kardinälen bestand. Das Sanctum Officium befasste sich vor allem mit der Rechtgläubigkeit der Kirchenmitglieder und untersuchte die Schriften von Theologen, Bischöfen und Kardinälen. Dieses wurde 1965 in die Glaubenskongregation umgewandelt.

Papst Paul IV. veröffentlichte 1564 erstmalig einen Index Librorum Prohibitorum (lateinisch für „Verzeichnis verbotener Bücher"). Dieser Index bestand aus einer Liste von Büchern, die dem kirchlichen Glauben und der kirchlichen Moral widersprachen.

Ein berühmtes Opfer der Inquisition war Galileo Galilei (Wissenschaftler im 16. Jahrhundert), der 1633 von der römischen Inquisition angeklagt und zu lebenslanger Haft verurteilt wurde, die man später in lebenslangen Hausarrest umwandelte.

Die spanische Inquisition
In Spanien befasste sich die Inquisition ab 1478 unter der Aufsicht eines Großinquisitors vor allem mit getauften Juden, die angeblich ihren jüdischen Glauben beibehalten hatten. Nach 1502 untersuchte die Inquisition verstärkt auch die so genannten Morisken, die vom Islam zum Christentum übergetreten waren.

Allmählich wurde die Inquisition in Spanien mit der weltlichen Macht verbunden und so zu einem Machtinstrument des Staates.

Vor allem in protestantischen Gebieten verfolgte die spanische Inquisition Andersgläubige mit besonderer Härte und Grausamkeit. Unter dem berüchtigten Großinquisitor Thomas de Torquemada wurden Tausende angeblicher Ketzer hingerichtet. Im 15. Jahrhundert sollen allein in Sevilla innerhalb von etwa 40 Jahren um die 4000 Ketzer hingerichtet worden sein.

1522 führte Kaiser Karl V. die Inquisition in den Niederlanden ein; dort erwies sie sich jedoch zur Bekämpfung des Protestantismus als untauglich, trug im Gegenteil sogar zum Abfall der nördlichen Provinzen von Spanien bei.

Endgültig abgeschafft wurde die Inquisition in Spanien und Portugal erst im 19. Jahrhundert.

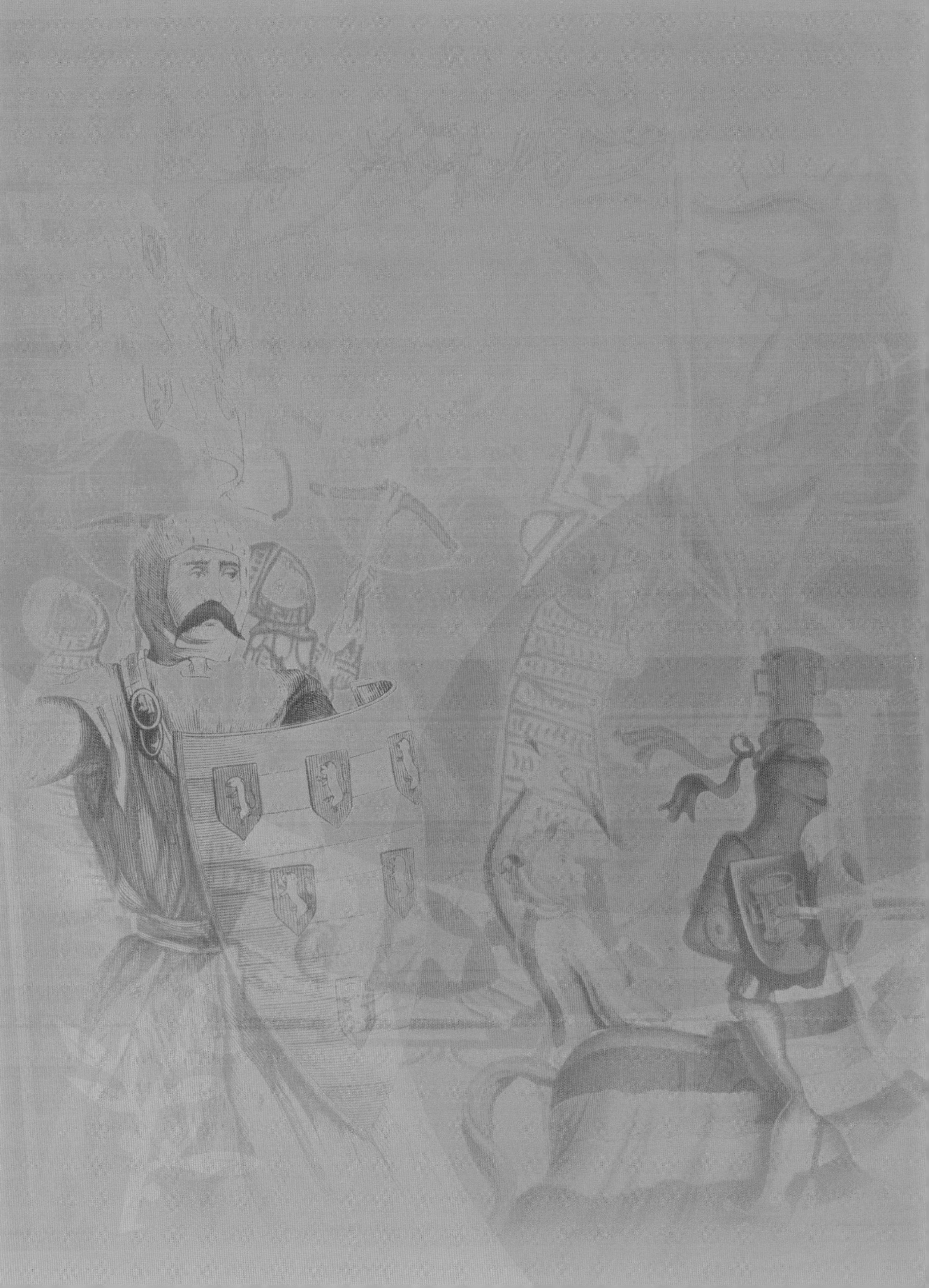

Kapitel 3: Die Kreuzzüge

Die Kreuzzüge hatten vordergründig religiöse, aber auch wirtschaftliche und politische Motive. Gemeinhin versteht man unter den „Kreuzzügen" die Kriege des (christlichen) Abendlandes zur Rückeroberung der heiligen Stätten, da Jerusalem 1070 von türkischen Seldschuken erobert worden und damit eine Erschwerung von Pilgerfahrten sowie die Bedrohung Ostroms gegeben war.

Nach dem Aufruf von Papst Urban II. im Jahre 1095 begann eine ganze Reihe von militärisch organisierten Ritterkreuzzügen zur Befreiung des Heiligen Landes und zum Kampf gegen alle Ungläubigen, vor allem Muslime.

Nach verlustreichen Schlachten, besonders gegen die Seldschuken, konnten die Christen einige Kreuzfahrerstaaten (das Königreich Jerusalem, die Grafschaften Edessa und Tripolis sowie das Fürstentum Antiocha) errichten und einen Teil der Bevölkerung zum christlichen Glauben bekehren. Nach der Rückeroberung Jerusalems durch Sultan Saladin (1187) misslang ein erneuter Kreuzzug nach Palästina. Auch die folgenden Unternehmen dieser Art verfehlten ihr Ziel, mussten abgebrochen werden oder stießen auf erbitterten Widerstand.

RITTERKULTUR & RITTERORDEN

An den Burgen des französischen Adels entwickelte sich während des 12. und im frühen 13. Jahrhundert eine höfische Kultur, die überwiegend aus kriegerischen, christlichen und künstlerischen Elementen bestand. Sie beeinflusste auch die Erwartungen an das Können der Ritter, die ursprünglich scher bewaffnete berittene, in der Regel adelige Krieger im Dienste eines Herren waren.

„Orden vom Goldenen Vlies"
Im späten Mittelalter schufen Herrscher verschiedene Ritterorden wie den „Orden vom Goldenen Vlies" in Burgund. Der Adel sollte durch die Orden stärker an den Hof gebunden werden, entweder durch die Mitgliedschaft oder durch Auszeichnungen.

Ritterkultur

Die Erziehung zum Ritter begann mit sieben Jahren als Diener (Page). In dieser Zeit wurden den Pagen Kenntnisse im Reiten, Fechten und Schwimmen sowie in höfischen Lebensformen vermittelt. In der darauf folgenden Lehrzeit als Knappe kamen das Waffenhandwerk und die Jagd hinzu, ergänzt durch Tanz, Gesang und Musik, die auch von den Troubadouren und Minnesän-

In Friedenszeiten bewiesen sich die Ritter verschiedener Herrschaftshäuser in Turnieren. Sie dienten der Belustigung und dem sportlichen Wettkampf.

32 Das Mittelalter | Die Kreuzzüge

gern gepflegt wurden. Traditionell endete die Ausbildung mit dem Ritterschlag. Sie stand außer den Söhnen von Adeligen auch vornehmen Laien offen. Ab dem 11. Jahrhundert wurden auch unfreie Hofbeamte (Ministerialen) Ritter, welche, als niederer Adel, im 13. und 14. Jahrhundert den Kern der Ritterschaft bildeten.

Im Gegensatz zur geistlichen Ausbildung an den Dom- und Klosterschulen diente die Bildung der Ritter eher der Förderung politischer Durchsetzungskraft. Erst in den missionierenden und kolonisierenden (Kreuz-) Ritterorden herrschte zwischen den weltlichen und geistlichen Bestrebungen, zwischen Krieg und Frieden, völliger Einklang.

Ritterorden

Mit Beginn der Kreuzzüge zur Befreiung des „Heiligen Landes" schlossen sich einige Ritter in (geistlichen) Ritterorden zusammen. Sie waren nicht von den Herrschern abhängig, auf deren Territorien ihre Besitzungen lagen, denn sie hatten ein Mönchsgelübde abgelegt und unterstanden damit unmittelbar dem Papst. Die Kreuzfahrer brauchten die Orden außerdem, um neue Gebiete erobern und die eroberten Besitztümer verteidigen zu können. Ihre Aufgabe sahen sie im Kampf gegen alle „Ungläubigen".

Die bekanntesten Orden waren der Johanniter-, der Hospitaliter- und der Templerorden. Letzteren gründeten französische Ritter nach der Eroberung Jerusalems zum Schutz der Pilger. Er erhielt seinen Sitz auf dem Tempelberg, wo einst der Tempel Salomos gestanden hatte. Die Templer verpflichteten sich zu Armut, Keuschheit und Gehorsam, und sie gelobten den Kampf gegen die Ungläubigen. Der Deutschritterorden (Deutsche Orden) spielte bei den Kreuzzügen zur Eroberung des Baltikums eine große Rolle.

Minneburg

Der Ritter sah sich im Dienste seiner meist unerreichbaren Geliebten zu Heldentaten verpflichtet, und der Dienst für die Geliebte wurde zur höchsten ethischen Norm.

DIE KREUZZÜGE

Im Herbst 1095 rief Papst Urban II. auf einem Kirchenkonzil in Clermont-Ferrand in Südfrankreich zum Kreuzzug gegen die Seldschuken auf. Diese bedrängten das byzantinische Reich im Vorderen Orient und hatten im Jahr 1070 Jerusalem erobert. Das führte zur Behinderung des stetig wachsenden abendländischen Pilgerstroms. Auch wollte das Römische Papsttum seine Herrschaft auf oströmische Territorien ausweiten.

Die Losung „Gott will es!" („Deus lo vult") verbreitete sich in Windeseile, und schließlich im Spätsommer 1096 erfolgte der Abmarsch in getrennten Heereszügen – der Erste Kreuzzug hatte begonnen. Von den etwa 330 000 Kreuzfahrern, die unter verschiedenen europäischen Flaggen von 1095 bis 1099 mobilisiert werden konnten, erreichten nur 40 000 das Heilige Land.

Ebenfalls 1096 hatte der Eremit Petrus von Amiens zu einem Kreuzzug der Armen aufgerufen. Ihm schlossen sich viele einfache Menschen an, die hofften, sich so von der Leibeigenschaft befreien zu können. Der Zug plünderte und verwüstete bereits auf seinem Weg entlang des Rheins viele, vor allem jüdische Gemeinden und später auch Konstantinopel. Die wenigen und vereinzelten Trupps, die schließlich das Heilige Land erreichten, wurden problemlos von den Seldschuken geschlagen.

Das eigentliche Heer, das erst nach dem Armenkreuzzug im Nahen Osten eintraf, bestand hauptsächlich aus Rittern. Sie wurden vor allem von den im Orient vermuteten Reichtümern und seltenen Schätzen angelockt. Aus dem gleichen Grund schlossen sich westeuropäische Kaufleute den Kreuzfahrern an. Offiziell brachen sie jedoch mit einem Großen Roten Kreuz (auf Umhängen genäht und an Schilden angebracht) auf, um das „Grab Christi" aus den Händen der Muslime zu befreien.

Im Jahre 1097 trafen die Heere in Konstantinopel zusammen, setzten nach Kleinasien über und eroberten Edessa und Antiochia. Jerusalem konnten die Ritter 1099 nach einem verzweifelten Sturmangriff einnehmen. Hier richteten sie ein Blutbad an.

Außer dem Königreich Jerusalem gründeten die Kreuzfahrer noch die Grafschaften Edessa sowie Tripolis und das Fürstentum Antiocha.

Beim Zweiten Kreuzzug von 1147 bis 1149, bei dem es Bernhard von Clairvaux gelang, 240 000 Christen zu mobilisieren, misslang die Rückeroberung des im Jahre 1144 von den Seldschuken unter dem Emir von Mossul besetzen Königreichs Edessa.

Nachdem die Seldschuken unter der Führung von Sultan Saladin Jerusalem zurückerobert und die Kreuzfahrer aus weiten Teilen Palästinas vertrieben hatten, rief Papst Gregor VIII. zum Dritten Kreuzzug auf, der in den Jahren von 1189 bis 1192 stattfand.

Einer Streitmacht unter dem englischen König Richard I. Löwenherz und dem französischen König Philipp II. gelang es Akkos zu erobern. Der deut-

Mit Wurfmaschinen wie dieser Balista wurden Geschosse ins feindliche Lager katapultiert. Der Wurfarm war mit einer Feder verbunden, die mit Seilen gespannt wurde. Beim Loslassen der Seile entspannte die Feder, nahm den Wurfarm mit und schleuderte das Geschoss hoch.

Statt den langen und beschwerlichen Landweg in das „Heilige Land" um Jerusalem auf sich zu nehmen, schifften sich die Kreuzfahrer meist von Italien aus in den Nahen Osten ein.

34 Das Mittelalter | Die Kreuzzüge

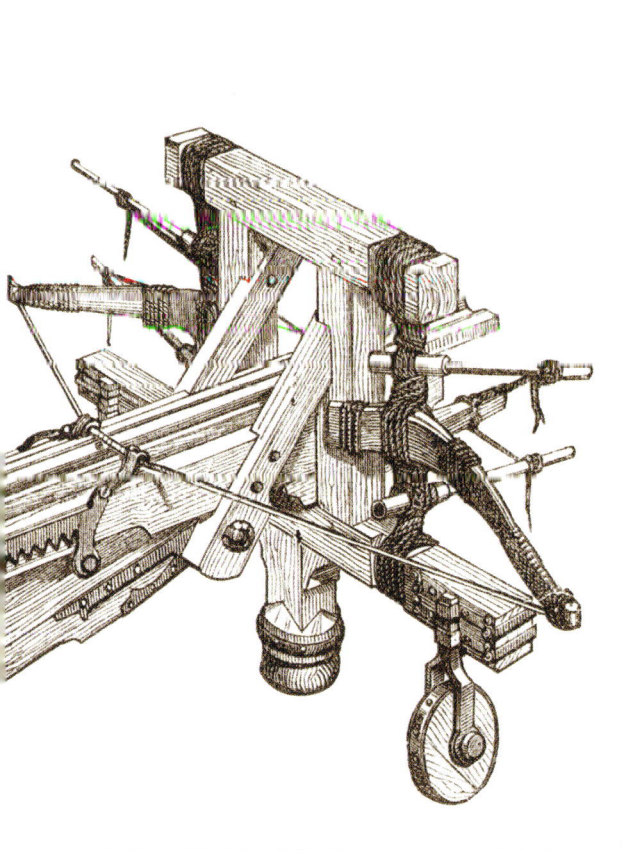

sche Kaiser Friedrich I. Barbarossa ertrank beim Baden in Anatolien auf seiner Route nach Jerusalem. Der Dritte Kreuzzug endete am 2.9.1192 praktisch ergebnislos mit einem Waffenstillstand zwischen dem König Richard I. Löwenherz und Sultan Saladin. Von ungefähr 350 000 Kreuzfahrern gelangten 280 000 bis ins Heilige Land.

Mit dem Vierten Kreuzzug von 1202 bis 1204, zu dem Papst Innozenz III. aufgerufen hatte, sollten Jerusalem für die Christenheit zurück gewonnen und Ägypten – auch im Interesse der katholischen Kirche – erobert werden. Statt Jerusalem eroberten die Kreuzfahrer, auf Betreiben des venezianischen Dogen Dandolo, aber Konstantinopel und plünderten die Stadt vollständig – einschließlich der Kirchen. Balduin I. wurde zum Kaiser des neuen Lateinischen Kaiserreiches erhoben, das die Kreuzfahrer bis zum Jahre 1261 halten konnten.

Die weiteren großen Kreuzzüge, wie der Fünfte (1228-1229), Sechste (1248-1254) und Siebte Kreuzzug (1270) sowie der tragische Kinderkreuzzug (obwohl laut neuester Erkenntnisse von einem Kreuzzug im eigentlichen Sinne nicht ausgegangen werden kann) von 1212 endeten ergebnislos.

Auf ihren Zügen lernten die Kreuzfahrer die Seidenraupenzucht, den Reis, die Wassermelone, den Zitronen- und Pistazienbaum kennen. Sie übernahmen die Bauweise in Syrien gesehener Windmühlen für Europa und brachten Anregungen für die Verarbeitung von Metallen und Stoffen, insbesondere die Färbetechnik, mit nach Hause.

Gottfried von Bouillon
(1060 bis 1100)
Ritter und Anführer des Ersten Kreuzzuges

um 1060 geboren als zweiter Sohn des Grafen von Boulogne.

1076-1077 wird er als Erbe von Niederlothringen durch Gottfried den Buckligen (Bruder seiner Mutter) eingesetzt. Er muss seinen Anspruch später jedoch mit Waffengewalt durchsetzen und belagert dabei erfolgreich die Burg Bouillon. Danach wird er häufig „Gottfried von Bouillon" genannt.

1087 stellt er sich im Investiturstreit auf die Seite Kaiser Heinrich IV., der ihn 1089 als Herzog anerkennt.

1095 folgt er einem Aufruf Papst Urban II. zum Ersten Kreuzzug.

1096 bricht er mit einem Heer von über 20 000 Mann auf. Damit stellt er den größten Teil der Gesamtstreitmacht des Kreuzzuges.

1098 fällt ihm die Führung des Kreuzzuges zu, nachdem Bischof Ademar von Puy in der siegreichen Schlacht vor Antiochia getötet wird.

1099 Eroberung von Jerusalem mit einem Massaker, dem mindestens 10 000 Muslimen und Juden zum Opfer fallen. Ablehnung des Angebotes der Krone von Jerusalem, er nennt sich aber „Vogt des Heiligen Grabes".

18.7.1100 gestorben in Jerusalem. Er galt bereits zu seiner Zeit als Idealbild des christlichen Ritters.

Der Orden der Templer wurde erst mit der Rückeroberung Jerusalems von den Muslimen gegründet.

ERSTER BIS DRITTER KREUZZUG

Der erste Kreuzzug (1096 - 1099)

Die Heere brachen getrennt auf: unter der Führung des Herzogs Robert Guiscard (Führer der Normannen), des Grafen Gottfried von Bouillon (Lothringen) und des Grafen Raimund (Toulouse), zu denen sich noch das süditalienische Heer unter Bohemund von Tarent gesellte.

Die Mehrheit der Kreuzfahrer waren Ritter, die oft als jüngere Brüder bei der Aufteilung des väterlichen Erbes zu kurz gekommen waren. Sie versprachen sich vom Kreuzzug in den Orient die Eroberung sagenhafter Reichtümer und seltener Schätze. Aus dem gleichen Grund schlossen sich Kaufleute aus Westeuropa an, denen Schuldenerlass, Sündenerlass und Schutz von Familie und Besitz garantiert worden waren.

Im Frühjahr 1097 trafen die Heere in Konstantinopel zusammen, setzten nach Kleinasien über und eroberten unter großen Verlusten Edessa und Antiochia. Jerusalem konnte im Jahre 1099 mit Hilfe venezianischer und genuesischer Kaufleute, die Holz für Mauerbrechmaschinen heranschafften, im Sturmangriff eingenommen werden. Nahezu 10 000 Menschen, überwiegend Muslime und Juden, wurden dabei allein auf dem Tempelberg niedergemetzelt.

Den Aufzeichnungen eines Teilnehmers des Ersten Kreuzzuges, Albert von Aachen zu Folge begaben sich alle, nachdem sie „knöcheltief im Blut" ihrer Feinde waten mussten, „zum Grab unseres Herrn Jesus Christus und verharrten dort in Tränen, Gebet und frommer Lobpreisung, Gott Dank sagend, dass er sie gewürdigt habe, zu sehen, was ihnen stets ihres Herzens höchste Sehnsucht gewesen war". Als Ergebnis des Kreuzzuges wurden das Königreich Jerusalem, die Grafschaften Edessa und Tripolis sowie das Fürstentum Antiochia gegründet.

Armenkreuzzug (1096)

Dem Eremiten Petrus von Amiens gelang es noch vor dem Abmarsch des Ritterheeres zum Ersten Kreuzzug, einen Kreuzzug der Armen zu organisieren. Viele Bauern dachten, auf diese Weise ihrem harten Leben als Leibeigene entfliehen zu können.

Im Frühjahr 1096 setzten sie sich, zum Teil mit Ochsenkarren, Frauen, Greisen und Kindern Richtung Süden in Marsch. Nach Schilderung von Chronisten fragten die Bauern jedes Mal, wenn sie eine große Stadt oder Burg erreichten, ob es Jerusalem sei. Auf ihrem Weg fielen sie außerdem im christlichen Mitteleuropa mordend und plündernd über die Judengemeinden der rheinischen Städte wie Speyer, Worms, Mainz und Regensburg her. Nach ihrer Ankunft in Konstantinopel, das sie ebenfalls brandschatzten, ließ Kaiser Alexios sie nach Kleinasien einschiffen, wo die inzwischen kleinen und unabhängig voneinander kämpfenden Trupps von den Seldschuken besiegt wurden. Petrus von Amiens ließ die Bauern im Stich und überließ sie ihrem Schicksal. Er selbst entkam nach Konstantinopel.

Erster Kreuzzug

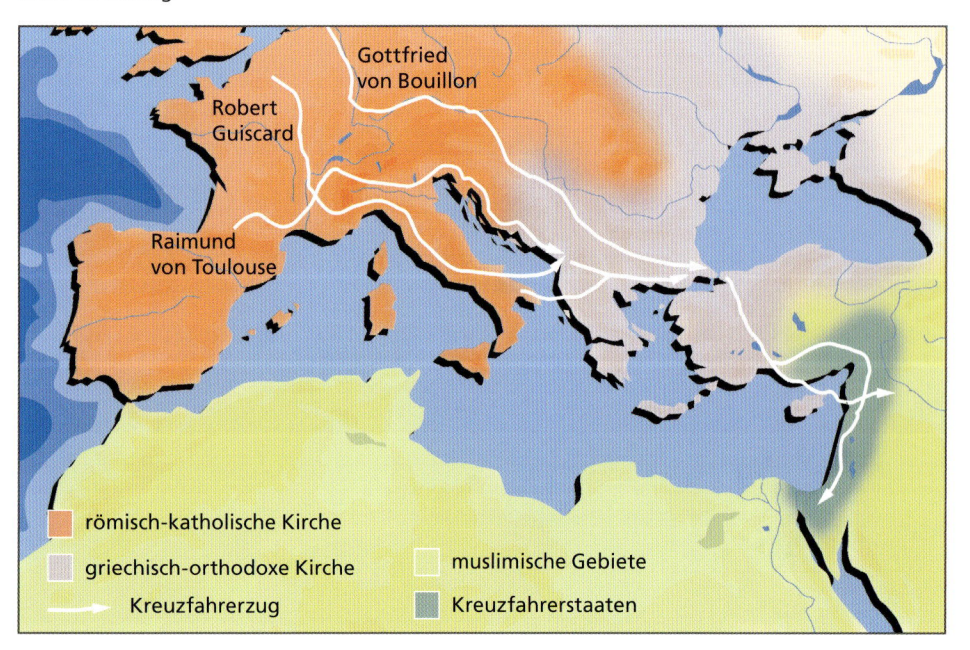

Tempelritter in Ordenstracht

Zweiter Kreuzzug (1147 - 1149)

Nachdem Edessa im Jahre 1144 von den Seldschuken unter dem Emir von Mossul erobert worden war, gelang es Abt Bernhard von Clairvaux, 240 000 Menschen für einen weiteren Kreuzzug gegen die ungläubigen „Heiden" zu mobilisieren. Nach der erfolglosen Belagerung von Damaskus mussten die Heere, die unter der Führung des deutschen Königs Konrad III. und des französischen Königs Ludwig VII. standen, 1149 wieder abziehen. 1147 hatten sie jedoch auf ihrer „Fahrt" für Portugal von den islamischen Mauren Lissabon erobert.

Geschwächt war dieses Unternehmen auch dadurch, dass gleichzeitig die Sachsen unter Führung des Herzogs Heinrich des Löwen mit Billigung des Papstes die an der Elbe siedelnden Slawen angriffen. Diese Exkursion misslang ebenfalls.

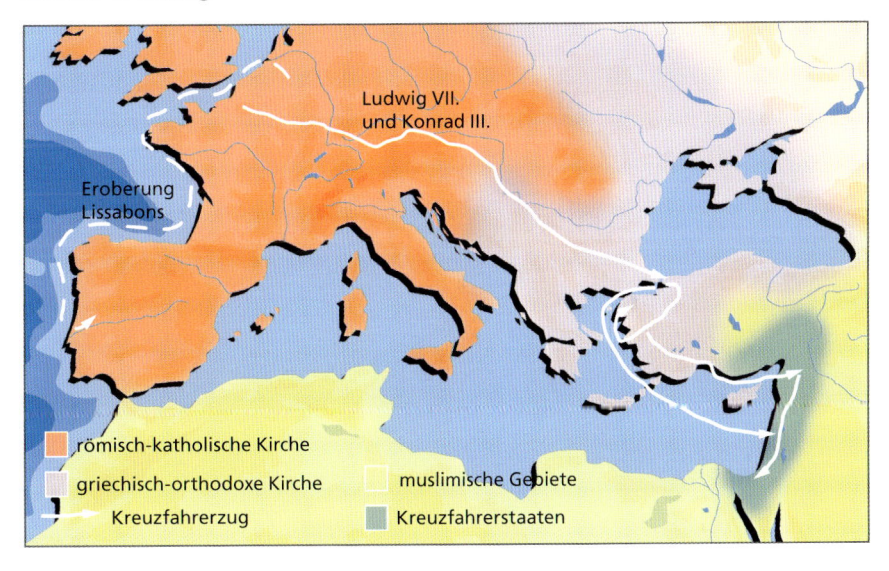

Dritter Kreuzzug (1189 - 1192)

Nachdem wiederum die Seldschuken, diesmal unter Führung von Sultan Saladin (von Ägypten), Jerusalem eingenommen und die Kreuzfahrer aus weiten Teilen Palästinas vertrieben hatten, rief Papst Gregor VIII. zum Dritten Kreuzzug auf. Während es einer Streitmacht unter dem englischen König Richard I. Löwenherz und dem französischen König Philipp II. gelang, Zypern zu erobern und die Festung Akkra (Akko) zu besetzen, ertrank der deutsche Kaiser Friedrich I. Barbarossa in einem Fluss in Anatolien. Daraufhin verließ viele deutsche Kreuzfahrer der Mut, so dass sie in ihre Heimat zurückzogen. Dieser Kreuzzug endete am 2.9.1192 praktisch ergebnislos mit einem Waffenstillstand zwischen König Richard I. Löwenherz und Sultan Saladin. Von ungefähr 350 000 Kreuzfahrern gelangten etwa 280 000 bis ins Heilige Land.

Die Besitzungen der Kreuzfahrer umfassten inzwischen Antiochia und Tripolis, die man zu einem Kreuzfahrerstaat zusammengefasst hatte sowie die Städte Akkra (Akko), Tyros und das Königreich Zypern. In Gefechten bekamen die Kreuzfahrer auch die feindliche Haltung von Byzanz zu spüren, das sich sporadisch mit den Seldschuken verbündete, um die an die Kreuzfahrer verlorenen Gebiete zurück zu gewinnen.

Zweiter Kreuzzug

Dritter Kreuzzug

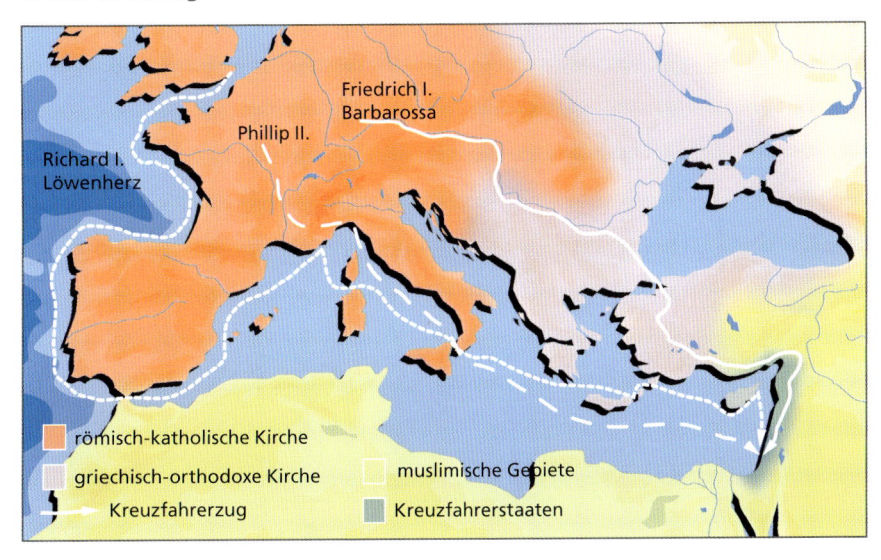

Bei der Eroberung Jerusalems brachten die Kreuzritter nahezu 10 000 Muslime und Juden um.

DIE LETZTEN KREUZZÜGE

Vierter Kreuzzug (1202 - 1204)

Dieser Kreuzzug, zu dem Papst Innozenz III. 1198 aufrief, sollte eigentlich Jerusalem zurückerobern sowie Ägypten dazugewinnen – natürlich auch im Interesse der katholischen Kirche. Venezianische Schiffe und Verpflegung für ein Jahr sollten für 85 000 Silber-Mark für den Transport der Kreuzfahrer zur Verfügung stehen.

Als die 4500 Reiter und die 10 000 Mann Fußvolk nur etwa 51 000 Mark Silber aufbringen konnten, willigten sie in einen Handel ein: Für Unterstützung bei der Rückeroberung des dalmatinischen Zadar (Zara) von den Ungarn stundeten ihnen die Venezianer die Schuld.

In Konstantinopel angekommen, wurden sie in Thronwirren hinein gezogen. Denn bei einer Palastrevolte war Kaiser Isaak II. gestürzt, geblendet und eingekerkert worden. Sein Sohn Alexios versprach den Kreuzfahrern reichlich Belohnung, wenn sie ihm und seinem Vater wieder zum Thron verhelfen würden. Nachdem ihnen das gelungen war, versuchte er Geld aufzutreiben. Doch eine erneute Revolution im Januar 1204 beendete beider Leben.

Nachdem ein neuer Kaiser auf dem Thron war, folgte die Vorbereitung zum Sturm auf Konstantinopel unter Führung des Oberhauptes der Kreuzfahrer, Bonifaz von Montferrat, sowie des venezianischen Dogen Enrico Dandalo. Am 13.4.1204 wurde die byzantinische Hauptstadt verwüstet: Die Angreifer ermordeten 2000 Griechen, brandschatzten, plünderten und richteten auch in christlichen Heiligtümern (aber auch in der Hagia Sophia) unermesslichen Schaden an. Die meisten Kunstwerke wurden geraubt oder vernichtet.

Schließlich riefen die Kreuzfahrer ein neues Reich – das Lateinische Kaiserreich – aus, zu dessen Kaiser sie Balduin I. erhoben. Es bestand bis 1261. Obwohl der Papst die Ausschreitungen der Kreuzfahrer zum Schein verurteilte, wollte er dennoch über den Kaiser Balduin I. den christlich-katholischen Einfluss und damit seinen Machtbereich in Byzanz vergrößern.

Für die Kreuzzüge stellten die Fürsten Europas ihre Ritterheere zur Verfügung.

Kinderkreuzzug von 1212

Zehntausende von Kindern aus Niederlothringen, den Rheinlanden und aus Frankreich nahmen im Jahre 1212 am so genannten Kinderkreuzzug teil. Viele Kinder überlebten die Überquerung der Alpen nicht, andere blieben in Genua oder kehrten um. Ein großer Teil landete in nordafrikanischer Sklaverei.

Kreuzzüge von 1228 bis 1270

Während eines Fünften Kreuzzuges (1228-1229) erreichte Kaiser Friedrich II. bei Sultan Al-Kamil die Freigabe der christlichen Pilgerstätten. Er übte seine Herrschaft als König jedoch nicht aus. Die Einnahme von Jerusalem durch die Tataren am 23.8.1244 beendete das Königreich Jerusalem.

Der Sechste Kreuzzug (1248 - 1254) fand aus Anlass eines Gelübdes des französischen Königs Ludwig IX. statt. Er schwor, das Heilige Land zu retten und Ägypten zu erobern. Doch der König geriet in ägyptische Gefangenschaft und kam erst nach Zahlung eines hohen Lösegeldes frei.

Auch der Siebte und letzte Kreuzzug war erfolglos, vor allem weil die ägyptische Armee den mongolischen Hilfstruppen der Kreuzfahrer eindeutig überlegen war und ihnen auch das restliche Abendland nicht zu Hilfe kam. Der Kreuzzug endete 1270, als der französische König Ludwig IX. vor Tunis einer Seuche erlag. Die ägyptischen Muslime hatten schließlich Antiochia (1268), Tripolis (1289) und Beirut, Tyrus, Sidon und Akkra (1291) besetzt.

Der Einfluss der ebenfalls muslimischen Sarazenen in Italien und auf der Iberischen Halbinsel konnte jedoch in den folgenden zwei Jahrhunderten zurückgedrängt werden. Gleichzeitig verschärfte sich die Auseinandersetzung zwischen Byzanz und den anderen europäischen Mächten um den Zugang zu den Meerengen und die Beherrschung der orientalischen Märkte. Von der Intensivierung des Fernhandels profitierten besonders die Seefahrerstädte Venedig und Genua.

Die christliche Ideologie und Rhetorik der Kreuzfahrer und ihrer Förderer in der Heimat täuschten oft über die Ursachen der Kreuzzüge hinweg. Die fanatischen Ausschreitungen dieser Zeit richteten sich gegen alle Andersgläubigen, besonders Juden, und waren auch Ausdruck der sozialen Spannungen, Machtkämpfe und Eigentumsverhältnisse.

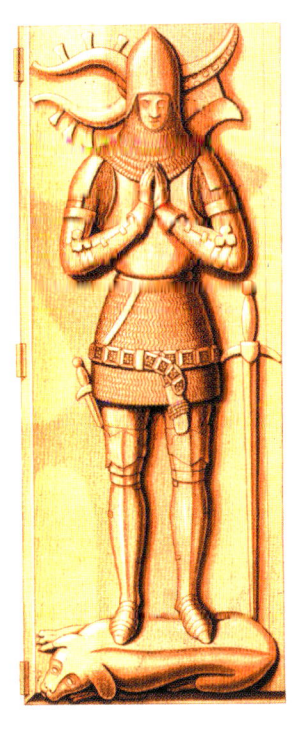

Ritter bekamen als Lohn für ihren Dienst oft ein Lehen in den eroberten Gebieten. Andere kehrten zurück und vergrößerten mit dem Lohn den Besitz in ihrer Heimat.

Ritter stammten oft aus dem Adel. Sie besaßen meist ein Pferd und waren schwer bewaffnet. Einfache Soldaten hingegen liefen zu Fuß und waren leichter bewaffnet.

Richard I. Löwenherz
(1157 bis 1199)
englischer König, Kreuzfahrer

8.9.1157	geboren in Oxford als dritter Sohn Heinrichs II. und seiner Gemahlin Eleonore von Aquitanien.
ab 1168	Herzog von Aquitanien.
ab 1189	König von England.
1189 bis 1192	Teilnahme am Dritten Kreuzzug zur Befreiung Jerusalems.
1191	Eroberung von Zypern.
12.7.1191	Im Kampf um Akko und in weiteren Schlachten erwirbt er sich durch tapfere und beherzte Führung den Beinamen „Löwenherz". Den vereinten Heeren der Engländer und Franzosen gelingt die Eroberung der Stadt Akko in der Bucht von Haifa. Nach dem Waffenstillstand mit Sultan Saladin kehrt Richard nach England zurück, um sich gegen seinen Bruder Johann ohne Land zu wehren, der versucht hat, den Thron zu besetzen.
1192	Gefangennahme durch Herzog Leopold V. von Österreich auf dem Rückweg und Auslieferung an Kaiser Heinrich VI. der ihn auf Burg Trifels festhält.
4.2.1194	Freilassung gegen ein Lösegeld von etwa 100 000 Silbermark und gegen den Schwur des Lehenseides. In den folgenden Jahren behauptet er den Festlandsbesitz Englands gegen den Franzosen Philipp II. August.
6.4.1199	gestorben in Chinon, Frankreich.

KREUZRITTERSTAATEN

Die Kreuzfahrer verstanden Jerusalem und das Heilige Land als Erbgut Gottes. Es sollte im Kampf gegen die Ungläubigen befreit werden.

So bildeten sich vier Kreuzritterstaaten: Die Grafschaft Edessa unter Balduin von Bouillon, das Fürstentum Antiochia unter Bohemund von Tarent und die Grafschaft Tripolis unter Raimund von Toulouse. Diese drei verhielten sich wie Vasallen zum vierten Kreuzritterstaat, dem Königreich Jerusalem, das von Gottfried von Bouillon regiert wurde.

Gottfried lehnte den Königstitel ab, nannte sich „Beschützer des heiligen Grabes". In Ausübung seiner Macht war er ohnehin darauf angewiesen, auf die italienisch geprägten Küstenstädte Rücksicht zu nehmen, die besondere Privilegien und ein hohes Maß an Unabhängigkeit für sich beanspruchten. Dafür hielten sie die Verbindung zur Heimat der Kreuzfahrer und die Versorgung aufrecht.

Die vom Staat an die Ritter vergebenen Lehen bewirtschafteten Leibeigene und hörige Bauern. 50 Prozent Feudalrente mussten sie an die entsprechenden Lehnsherren entrichten. Die Fremdlinge – verallgemeinernd Franken genannt – machten sich bei den Einheimischen verhasst, indem sie sich „wie Tiere" aufführten (so ein arabischer Chronist aus dem 12. Jahrhundert).

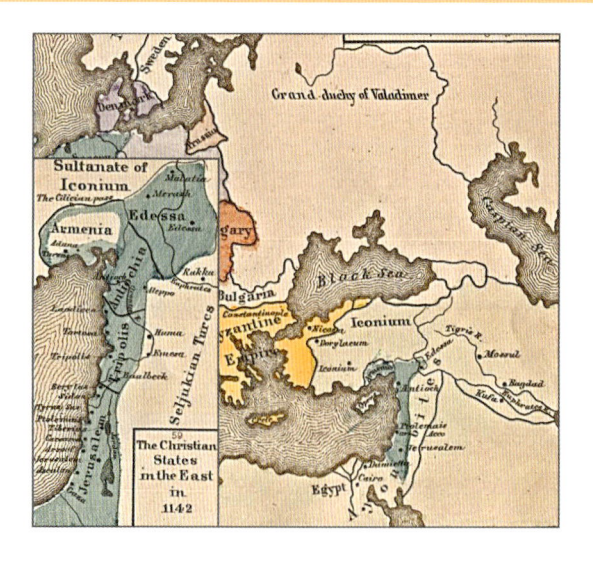

Kreuzritterstaaten im 12. Jahrhundert
Die Kreuzfahrer gründeten in den eroberten Gebieten neue Grafschaften und Fürstentümer sowie das Königreich Jerusalem.

Im Osten wurden sie von den Byzantinern attackiert. Im Jahre 1261 brach das „Kartenhaus" Lateinisches Kaiserreich zusammen. Anschließend wurde mit Hilfe Genuas die Dynastie der Palaiologen wieder eingesetzt. Trotzdem blieb Byzanz seitdem wirtschaftlich und politisch geschwächt.

Lateinisches Kaiserreich

Nach der Eroberung Konstantinopels 1204 gründeten die Kreuzfahrer das Lateinische Kaiserreich, nachdem sie etwa die Hälfte des byzantinischen Territoriums auf dem Balkan eingenommen hatten. Die Byzantiner und ihr Kaiser behielten nur den Epirus (Gebirgslandschaft im Nordwesten Griechenlands), einen Teil Albaniens und einige Besitzungen in Kleinasien. Im Lateinischen Kaiserreich bestand die Feudalordnung nach den gleichen Prinzipien wie in den Kreuzfahrerstaaten (gemäß den „Assisen von Jerusalem").

Die Republik Venedig – als Verbündeter der Kreuzritter – gründete an vielen griechischen Küstenstädten und Inseln wie Kreta Handelsniederlassungen, die der Republik Vorteile im Mittel- und Schwarzmeerraum gegenüber ihrem Rivalen Genua einbrachten.

Innenpolitisch setzten den Kreuzfahrern zunehmend Aufstände gegen ihre Fremdherrschaft zu und sie mussten sich gegen den erbitterten Widerstand der Albaner und Bulgaren wehren.

Der Prophet und Herrscher Mohammed ernannte Ali zu seinem Nachfolger, dem er als Symbol seiner Macht ein zweispitziges Schwert übergab.

ISLAM

Der Islam (der Begriff meint die unbedingte Ergebenheit in den Willen Gottes) ist die jüngste der Religionen des Monotheismus (Glaube an nur einen Gott) und betrachtet sich selbst als Vollendung des Christentums. Er sieht sogar im Glauben an Christus als Gottessohn einen Verstoß gegen die „Lehre vom Einen Gott", da Gott als ewiges Wesen nicht gleichzeitig der Vater eines Sohnes sein kann.

Von den christlichen Propheten werden im Islam besonders Abraham (arabisch: Ibrahim) und Jesus Christus (der Messias) als wundertätige Propheten hervorgehoben. Jesus Christus geht dem Propheten Mohammed unmittelbar voraus.

Mohammed ist für die Muslime der letzte der Propheten, ihr Vollender und „Siegel". Sie sehen in Juden und Christen Vorgänger im Glauben, von denen erhofft wird, dass Gott sie ihre Irrtümer erkennen und damit zu Muslimen werden lässt. Juden und Christen wurden darum nach Eroberungen von christlichen Ländern nicht gezwungen, den Islam anzunehmen. Als „Besitzer der Schrift" wurden sie geschützt – wenn auch als „Brüder" mit eingeschränkten Rechten.

Der Prophet Mohammed wurde vermutlich im Jahr 570 in Mekka geboren und starb 632 in Medina. Das wichtigste Ereignis in seinem Leben war die Auswanderung nach Medina im Jahr 622, die so genannte „Hidjra". Mit diesem Jahr beginnt die islamischen Zeitrechnung.

In Medina wurde Mohammed bald als Gesetzgeber und Prophet anerkannt. Bei seinem Tod war er Herrscher über einen arabischen Staat, dessen Macht rasch zunahm.

Seine Wurzeln hat der Islam damit in der arabischen Tradition, doch übernahm Mohammed auch Elemente des Judentums und des Christentums in die neue Religion.

Der Koran

Die von Mohammed überbrachte Offenbarung ist der Koran (arabisch für „Vortrag oder Lesung"), der die Thora der Juden und das Evangelium der Christen vollendet und ersetzt. Die Offenbarungen überbrachte Allah dem Propheten Mohammed in den Jahren zwischen 608 und 632 durch den Erzengel Gabriel.

Der Koran besteht aus 114 Suren (Abschnitten), die in Versform verfasst wurden. Sie entstanden erst nach dem Tod Mohammeds, als seine Schüler und Anhänger die mündlichen Überlieferungen zu sammeln begannen und Schriftgelehrte sie etwa 20 Jahre später zum Buch des Koran zusammenstellten.

Spaltung des Islam

Große Auseinandersetzungen um die Nachfolge Mohammeds führten zur Spaltung des Islam in Sunniten und Schiiten:

Dem vierten Kalifen von Bagdad, Mohammeds Schwiegersohn Ali, machten die Omaijaden (eine einflussreiche und ebenfalls mit dem Propheten verwandte Familie) die Macht streitig. Sie vertraten die Glaubensrichtung der Sunniten und machten Bagdad zu ihrer Hauptstadt.

Der Koran

Der Koran ist das älteste Schriftzeugnis in arabischer Sprache und zugleich die heilige Schrift des Islam. Er enthält die Offenbarungen, die Allah in Mekka und Medina an seinen Propheten Mohammed richtete. Nach dem Tode Mohammeds begannen seine Anhänger diese Offenbarungen zu sammeln und sie zum Koran zusammenzustellen.

Das Mittelalter | Die Kreuzzüge

Dagegen gingen die Schiiten (die „Partei Alis") davon aus, dass nur Ali und seine Nachkommen rechtmäßigen Anspruch auf die Führung der Gläubigen hatten. Sie ernannten Damaskus zu ihrer Hauptstadt.

Während der Herrschaft der Omaijaden dehnte sich der Islam bis nach Indien und Marokko, von Andalusien bis nach Westfrankreich aus. Doch Unzufriedenheit mit der Amtsführung und dem Machtanspruch der Omaijaden ließ unter den Sunniten eine Opposition entstehen, der es im Jahre 750 gelang, die Omaijaden zu stürzen.

Fünf Säulen des Islam

Der Islam ist auf fünf Säulen gebaut: dem Bekenntnis, dass es keinen Gott gibt neben Gott und dass Mohammed der Gesandte Gottes ist; dem Verrichten des Gebets; dem Almosengeben; der Pilgerfahrt zum Hause Gottes und dem Fasten im Monat Ramadan. Bei den fünf Säulen handelt es sich um Grundpflichten, die für jeden Muslim und jede Muslima gelten.

• Erste Säule: Das Glaubensbekenntnis zur Einheit Gottes und zur Gottesgesandtschaft Mohammeds.

• Zweite Säule: Das fünfmal täglich zu verrichtende, rituelle Gebet.

• Dritte Säule: Das Almosengeben soll bewirken, dass der vorhandene Reichtum auch den Bedürftigen und Notleidenden zu Gute kommt.

• Vierte Säule: Die Pilgerfahrt nach Mekka soll jeder Gläubige einmal in seinem Leben unternehmen – es sei denn, er ist materiell und körperlich nicht dazu in der Lage.

• Fünfte Säule: Im Fastenmonat Ramadan muss der Gläubige vom Morgengrauen bis zum Sonnenuntergang auf Speisen, Getränke und Annehmlichkeiten verzichten.

Die Welt des Islam

Nach dem Tod Mohammeds im Jahre 632 verbündeten sich viele Araberstämme und schlossen Frieden. Dies bildete eine der Voraussetzungen für die schnelle Ausbreitung des Islam. Im folgenden Jahrzehnt besiegten die Araber die Reiche der Sassaniden und Byzantiner – damit breitete sich der Islam bis nach Palästina und Syrien sowie Persien und Ägypten aus. Die Christen und die Juden der eroberten Gebiete wurden nicht gezwungen, den Islam anzunehmen. Allerdings blieben bestimmte gesellschaftliche und auch steuerliche Privilegien den Muslimen vorbehalten.

Gegen das Vordringen des Islam setzten sich Ende des 11. Jahrhunderts christliche Kreuzritter mit den Kreuzzügen zur Wehr. Doch ihnen gelang es nicht, ihre Eroberungen zu sichern und den Einfluss des Islam zu mindern.

Abbasidenreich

Die Abbasiden hatten im Jahre 750 in Bagdad die Omaijaden (Umayyaden) abgelöst und mit ihren Eroberungen wesentlich zur Ausbreitung des Islam beigetragen. Doch zum Ende des 11. Jahrhunderts setzten sich in den syrischen und palästinensischen Gebieten christliche Kreuzritter fest und errichteten das Königreich Jerusalem sowie einige kleinere Staaten. Sie vertrieb der einflussreiche aus dem Abbasidenreich stammende Sultan Saladin, der im Dienst der ägyptischen Fatimiden stand. Im Jahre 1187 eroberte er Jerusalem. Zwar erlangten die christlichen Kreuzritter verlorene Gebiete bei späteren Kreuzzügen ins Heilige Land und nach Ägypten auch wieder zurück, aber dauerhafte Erfolge blieben ihnen versagt. 1258 eroberten die Mongolen Bagdad und zerstörten damit endgültig das Kalifat der Abbasiden. Nur einige Exil-Abbasiden konnten danach (bis 1517) noch ein Dasein als „Schattenkalifen" im Machtbereich der ägyptischen Mamluken fristen – damit war das Kalifat als zentrale Institution des Islam zerfallen.

Das Osmanische Reich

Im 15. Jahrhundert gelangte in Anatolien eine muslimische Dynastie an die Macht: die Osmanen. Mit gewaltigen Gebietsgewinnen in Südosteuropa dehnten sie ihren Machtbereich aus. Doch erst die Eroberung des alten byzantinisch-christlichen Konstantinopels 1453 (durch Mehmet II.) versetzte auch die Europäer in Angst und Schrecken. Zugleich endete mit dieser Eroberung das Byzantinische Reich – Istanbul wurde die neue Hauptstadt des osmanischen Reiches. Mit Selim und seinem Nachfolger Süleyman „dem Prächtigen" stiegen die Osmanen zur Zentralmacht des sunnitischen Islam auf. Die osmanisch-türkische Kultur sollte die folgenden vier Jahrhunderte den Islam prägen.

In Europa drangen osmanische Truppen bis in die Steiermark vor und belagerten unter Süleyman 1529 erstmals Wien. Im Osten entwickelte sich dagegen ab 1501 mit den Safawiden eine konkurrierende Dynastie, die dem schiitischen Islam im Iran zum Durchbruch verhalf. Seine größte Ausdehnung erreichte das Osmanische Reich im 17. Jahrhundert. Zugleich markierte die erfolglose zweite Belagerung Wiens 1683 den Schlusspunkt der Expansion nach Mitteleuropa. Zu diesem Zeitpunkt verfielen auch bereits die inneren Strukturen des Reiches.

Persischer Krieger
Vom 11. bis ins 15. Jahrhundert herrschten in Persien die muslimischen Seldschuken, die als unmittelbare Nachbarn ständig das christliche Byzanz bedrohten.

Die Moschee ist das Gotteshaus der Muslime. Darüber hinaus ist es üblich, sie auch für politische Versammlungen, als theologische Lehrstätte, Gerichtsort und vorübergehende Behausung von Pilgern und obdachlosen Gläubigen zu nutzen.

Das Mittelalter | Die Kreuzzüge 43

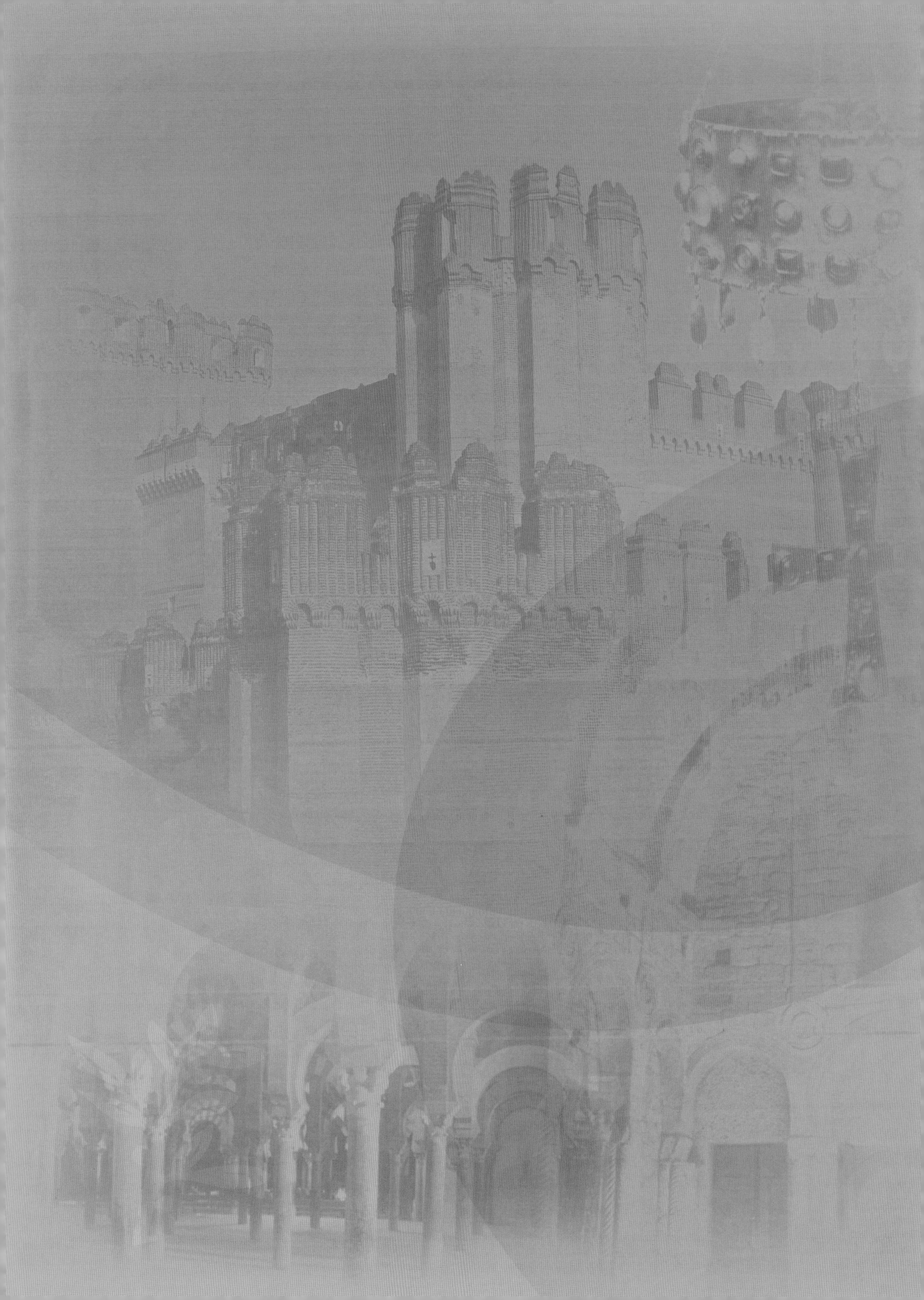

Kapitel 4
Spanien
Befreiung vom Islam

Das frühe Spanien wurde von unterschiedlichsten Volksstämmen besiedelt. Aus Nordafrika kamen die Iberer und aus dem Norden die Kelten.

Während der islamischen Expansion Anfang des 8. Jahrhunderts nahmen Muslime schließlich die ganze Iberische Halbinsel ein. 750 kämpften sich die Omaijaden im maurischen Spanien an die Macht und begründeten mit dem Emirat in der Residenzstadt Córdoba eine Zeit der wirtschaftlichen und kulturellen Blüte. Die Christen dagegen verfolgten seit den ersten Erfolgen gegen die muslimischen Herrscher um 722 die Rückeroberung ganz Spaniens.

Im Jahre 1063 erklärte der Papst die so genannte Wiedereroberung – Reconquista – zum heiligen Auftrag eines Kreuzzuges. 1492 endete die Reconquista mit der Eroberung Granadas.

SPANIEN UNTER DEN WESTGOTEN

Am Anfang des 5. Jahrhunderts besetzen die „Barbarenstämme" der Westgoten, Sueben und Vandalen die Iberische Halbinsel – Spanien. Am Ende des Jahrhunderts schloss der Westgotenkönig Eurich das Land dem Westgotenstaat, mit Toledo als Hauptstadt des Reiches, an.

Teile des römischen Grundbesitzes wurden an gotische Einwanderer verteilt. So existierte Gemeindeland neben kleinen Bauernhöfen. Einheimische Sklaven arbeiteten entweder in der Landwirtschaft oder im Gewerbe.

Außerdem verschmolz die west-gotische Aristokratie schnell mit der römischen. Diese Verflechtung der spätrömischen und der „barbarischen" Ordnung beeinflusste bald die gesamte Wirtschaft. So zerfiel die markgenossenschaftliche Bewirtschaftung zuerst im südlichen und östlichen Spanien, denn hier wurde die Feudalisierung durch römischen Großgrundbesitz und Sklaverei gefördert. Aber auch in Nordspanien wuchs die Zahl der hörigen Bauern stetig.

Durch den Übertritt des Westgotenkönigs Rekkared I. im Jahr 587 vom gotischen Arianismus zum römischen Katholizismus wurde schließlich die Romanisierung der Goten beschleunigt.

In der Landwirtschaft war der schwere Pflug mit Eisenschar üblich, der von mehreren Ochsen gezogen wurde, man benutzte aber auch schon Radpflüge. Während des 6. und 7. Jahrhunderts ging man von der Zwei- zur Dreifelderwirtschaft über. Es wurden verschiedene Weizenarten und Gerste angebaut, dazu florierten der Weinbau und der Gartenbau.

Die Bauern Spaniens pflügten ihre Felder mit Ochsengespannen. Angebaut wurden Weizen und Gerste.

Große Moschee in Córdoba

Das Gotteshaus – auch „La Mezquita" genannt – wurde bereits im 8. Jahrhundert anstelle einer abgerissenen Kirche gebaut. Insbesondere die Omaijaden erweiterten die Moschee im 10. Jahrhundert und verwendeten dafür wertvolle Baumaterialien wie Marmor, Jaspis und Granit. Nach der Eroberung Córdobas ließen die Spanier im Inneren der Moschee eine Kirche errichten.

SEIDENRAUPEN & MOSCHEEN

Nachdem die Araber 711 bei Gibraltar nach Europa übergesetzt hatten, eroberten sie fast die ganze Iberische Halbinsel. Dabei beseitigten sie den Staat der Westgoten bis auf Reste in den Bergen Asturiens.

Die Araber führten den Anbau von Reis, Dattelpalmen, Granatapfelbäumen sowie Zuckerrohr ein. Sie brachten auch hochentwickelte und effektive Bewässerungsmethoden mit. Erstmalig wurden Seidenraupen und Schafe gezüchtet.

Der arabische Emir Abd ar Rahman I. gründete 756 das Emirat (Scheichtum) Córdoba. Damit traten für die nächsten 300 Jahre die Muslimen die Herrschaft an. In der Regierungszeit von Emir Abd er Rahman I. entstand auch das bedeutendste Bauwerk der Stadt Córdoba – die „Große Moschee".

Nach anfänglicher Großzügigkeit der arabischen Besatzungsmacht kam es nach und nach zu einer Anhebung der Steuern für die einheimische christliche Bevölkerung. Im 9. Jahrhundert nahm der muslimische Glaube fanatische Züge an. Dadurch verschärften sich die Ausbeutungen in Form von Abgaben und Steuern weiter für die Christen.

Mit einem Aufstand befreiten sich die christlichen Bauern 880 für 30 Jahre von der muslimischen Herrschaft.

Die christlichen Spanier brauchten mehrere Jahrhunderte, um die muslimischen Fürsten aus ihrem Land zu verdrängen.

Königspalast von Ramiro I.

Nach der Eroberung Spaniens regierten von hier aus die letzten westgotischen Könige nur noch über kleine Gebiete in Asturien.

Bogenbaukunst der Großen Moschee in Córdoba

Die Säulen im Innenraum der Moschee bilden zweigeschossige Arkaden mit Bogen aus weißen und roten Ziegeln. Zwischen dem 13. und 16. Jahrhundert wurde die Moschee als Kirche genutzt.

RÜCKEROBERUNG IN SPANIEN

In den über mehrere hundert Jahre andauernden Kriegen der Christen um die Rückeroberung („Reconquista") Spaniens von den Muslimen hatte das Königreich Kastilien allmählich die Führung übernommen.

Im 9. Jahrhundert entstandenen zahlreiche Kastelle (Burgen), die die Landschaft so prägten, dass sie ihr den Namen „Kastilien" gaben. Sie dienten der Verteidigung gegen die Mauren (Araber und Berber). Über mehrere Jahrhunderte wechselten die verschiedenen maurischen Herrscherdynastien. Es entstanden kleinere Stadtstaaten.

Die katholischen Spanier nutzten die Schwäche der vereinzelten islamischen Stadtstaaten, um die Rückeroberung der Iberischen Halbinsel voranzutreiben. Unterstützung fanden die christlichen Spanier auch beim Papst, der 1063 die Rückeroberung Spaniens zum Kreuzzug erklärte.

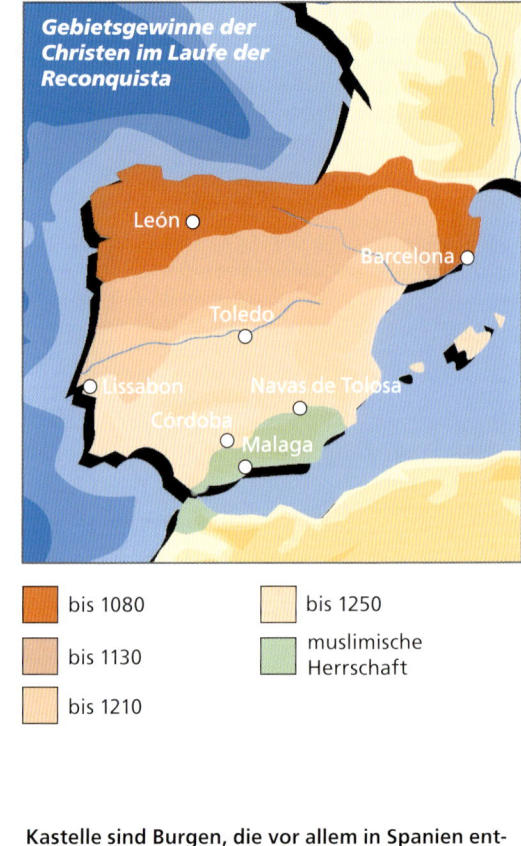

Gebietsgewinne der Christen im Laufe der Reconquista

- bis 1080
- bis 1130
- bis 1210
- bis 1250
- muslimische Herrschaft

Kastelle sind Burgen, die vor allem in Spanien entstanden und das Land gegen die Muslime verteidigen sollten. Im heutigen Kastilien gab es so viele davon, dass der ganze Landstrich nach ihnen benannt wurde.

48   Das Mittelalter | Spanien – Befreiung vom Islam

Die Kriegsführung durch die katholische Kirche wurde von den Königen durch Schenkungen großer Ländereien belohnt. Die Widersprüche im eigenen Lager traten unter dem Banner eines Glaubenskrieges gegen die Ungläubigen bisweilen in den Hintergrund.

In den zurückeroberten Gebieten in Mittelspanien wurden Bauern angesiedelt, die freie Bauerngemeinden bilden durften und sich ihren Senior (Herr) selbst wählten. Diese als „Behetrias" bezeichneten Gemeinden bildeten zugleich eine Schicht bewaffneter Bauern, die keine Frondienste verrichten mussten. Sie waren persönlich frei, aber verpflichtet Abgaben zu entrichten.

Nachdem König Alfons VI. von Kastilien 1085 die westgotische Hauptstadt Toledo zurückerobert hatte, nahm er den Titel des Kaisers von Gesamtspanien an.

Der legendäre El Cid (spanisch für „der Herr") belagerte ein Jahr lang die Tore von Valencia, ehe er 1094 die Stadt einnehmen konnte und die bislang herrschenden Muslimen besiegte. Er errichtete hier seine eigene Herrschaft, die er bis zu seinem Tod 1099 gegen die marokkanischen Almoraviden verteidigte. Trotz nachweislicher Seitenwechsel ist El Cid – zuletzt im Dienste von König Alfons VI. – zum spanischen Nationalhelden erklärt worden.

El Cid (Rodrigo Díaz de Viar)

(1043 bis 1099)
spanischer Heerführer und Nationalheld

um 1043 geboren in Vivar (bei Burgos) als Sohn eines kastilischen Adeligen. Als junger Mann dient er König Sancho II., mit dem er zusammen erzogen wurde. Wegen seiner Erfolge in zahlreichen Schlachten erhält er den Beinamen „el Campeador" (Schlachtensieger).

1072 wird er ein Gefolgsmann von König Alfons VI. von León und Kastilien. Er erhält vom König dessen Verwandte Jimena Diaz zur Frau.

1081 Verbannung, weil er dem König zu mächtig zu werden droht. Jetzt dient er dem Maurenfürsten von Saragossa, den er auch gegen christliche Angriffe verteidigt, nicht aber gegen Alfons, dem er sich weiterhin zur Lehnstreue verpflichtet fühlt. In diesen Kämpfen erwirbt er sich auch Ruhm und seinen Ehrennamen.

1086 Aussöhnung mit Alfons VI.

1087 verspricht Alfons VI. alle Gebiete, die er im Osten Spaniens erobern kann.

1094 erobert er Valencia und verteidigt es gegen die Almoraviden.

10.7.1099 gestorben in Valencia.

El Cid wurde durch seine Erfolge zur legendären Symbolgestalt der spanischen Reconquista, zur Verkörperung der Ideale des Ritters und Lehnsmannes. Die historische Gestalt des El Cid wurde erst im Anschluss an die geschichtlichen Ereignisse Gegenstand einer lateinischen Erzählung, der „Historia Roderici" (12. Jahrhundert), und eines volkssprachlichen Epos.

Die Reconquista war erst mit der Niederlage der Almohaden (muslimische Herrscherdynastie) bei Navas de Tolosa und mit der Eroberung von Granada abgeschlossen. Das Königreich Granada, letztes muslimisches Territorium von Spanien, fiel am 2.1.1492 an die Christen.

Die neuen christlichen Herren zerstörten alle Moscheen oder ließen sie zu Kirchen umbauen, wie die Moschee von Córdoba, in deren Mitte eine christliche Kathedrale errichtet wurde.

Betender Muslim
Nach der Entstehung des Islam breitete sich dieser neue Glaube schnell aus. Die Mauren aus Nordafrika überquerten die Meerenge von Gibraltar und eroberten nach und nach fast ganz Spanien.

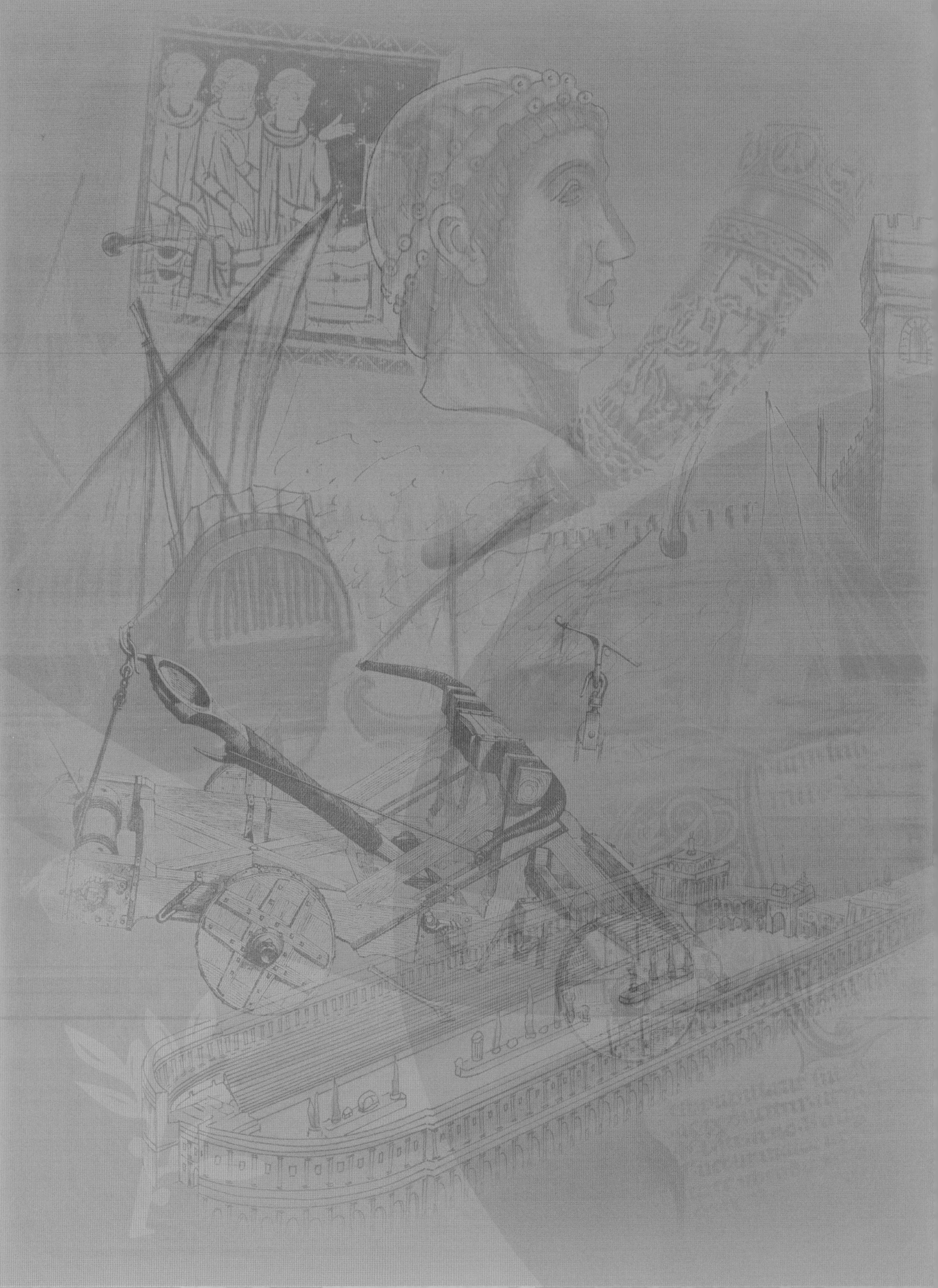

Kapitel 5: Byzantinisches Reich

Das Byzantinische Reich ging aus dem ursprünglich östlichen Teil des Römischen Reiches hervor. Der Name geht auf die alte griechische Stadt „Byzantion" (heutiges Istanbul) zurück, die strategisch bedeutsam durch die Lage zwischen dem Schwarzen Meer und dem Mittelmeer war.

Kaiser Konstantin nannte die Stadt später Konstantinopel. Sie war nicht nur die Reichshauptstadt, sondern jahrhundertelang auch ein Zentrum des Welthandels, der Wissenschaft und der Kunst.

Seinen Höhepunkt erlebte das Reich in der Zeit der Makedonischen Dynastie unter Kaiser Leon VI., die bis 1059 Bestand hatte. Im 13. Jahrhundert wurde Konstantinopel vorübergehend von den Kreuzrittern erobert, die aus dem Byzantinischen Reich das Lateinische Kaiserreich errichteten. Danach verlor das Reich immer mehr an Einfluss und Bedeutung.

Als die Türken im Jahre 1453 die Stadt Konstantinopel erstürmten, war das Reich Byzanz bereits bis auf die ummauerte Stadt reduziert. Mit dem Fall des christlichen Konstantinopels an die muslimischen Türken ging eine Epoche zu Ende.

BYZANZ

Byzanz ging aus dem östlichen Teil des Römischen Reiches hervor. Im 4. Jahrhundert wurde die Kaisermacht des antiken römischen Reiches in den Ostteil verlagert, weil sich das Reich bedroht fühlte: immer häufiger überfielen Volkstämme aus dem Osten (Slawen und Awaren), Germanen an der unteren Donau und Perser im Südosten das Römische Reich.

Auch die zunehmende Bedeutung des östlichen Reichsgebietes, in dem der weit größere Teil der Bevölkerung lebte, war ein Grund für den Ausbau von Konstantinopel zur neuen Reichshauptstadt – dem „neuen Rom" unter Konstantin I. Im Jahr 330 wurde die neue Residenz unter ihrem Namen Konstantinopel eingeweiht. Konstantin hatte 324 während seines Kampfes um die Alleinherrschaft gegen den oströmischen Herrscher Licinius die strategischen Vorteile der Stadt am Marmarameer schätzen gelernt, denn es trennte den europäischen Teil der Türkei vom asiatischen Teil.

Die wichtigste Grundidee des byzantinischen Staates war „die von Gott gegebene Weltherrschaft". Dafür standen symbolisch die vergoldete Kaiserstatue von Konstantin I. und das gewaltige bronzene Reiterstandbild Justinians. Die jeweiligen Herrscher des Staates wurden wie Götter verehrt. Ein hochentwickeltes bürokratisches System stand im Dienste der Herrscher und trieb die hohen Steuern ein. Die orthodoxe Kirche bildete eine weitere tragende Säule des Staates. Der Kaiser verstand es, die Kirchenvertreter mit Landgütern und der Gewährung von Steuerfreiheit an sich zu binden.

Das Reich Justinians 527 bis 565

- neu eroberte Reichsgebiete am Ende der Regierung
- Reichsgebiet zu Beginn der Regierung

Mit dem „Codex Justinianus" schuf Kaiser Justinian I. die erste Sammlung von Schriften zum römischen Recht. Der Codex wird auch „Pandekten" genannt.

Während die Westhälfte des römischen Reiches zerfiel, entfaltete sich Byzanz im Ostteil des Reiches. Konstantin I. der Große machte die Stadt zu einem Zentrum des Handels.

Das Mittelalter I Byzantinisches Reich

Zu einem ersten Höhepunkt des Byzantinischen Reiches kam es unter Kaiser Justinian I. Er wollte mit seinen Eroberungszügen die frühere Größe des Römischen Reiches wiederherstellen und eroberte Nordafrika, Italien und Teile Spaniens zurück. Mit einem Kreuzzug gegen den römisch-griechischen Götterglauben (Arianismus) missionierte er die Bevölkerung dieser Gebiete.

Einen großen Anteil der erhobenen Steuern investierte Justinian I. in religiöse und repräsentative Bauten: Die Grabeskirche in Jerusalem, die Geburtskirche in Bethlehem, die Kirche San Vitale in Ravenna (547) und die Hagia Sophia in Konstantinopel („Kirche der Heiligen Weisheit", 537).

Im 7. Jahrhundert begann eine Reichskrise, die durch die Eroberung von Jerusalem, Syrien und Ägypten durch die Perser noch verstärkt wurde. 614 fiel den Persern das Heilige Kreuz, die höchste Reliquie des Reiches, in die Hände. Sofort wurden in allen Provinzen Militärbezirke gegründet und Soldaten als Wehrbauern angesiedelt. Darüber hinaus wurde die Flotte ausgebaut, um die Seeseite Konstantinopels vor feindlichen Schiffen zu schützen. In einem vorteilhaften Friedensschluss nach dem Sieg über die Perser 627 gelang es Kaiser Herakleios, alle Gebietsverluste rückgängig zu machen.

Ab 637 griffen die muslimischen Araber verstärkt die Grenzen des Byzantinischen Reiches an („Sturm der Araber"). In den Jahren 674 und 678 sowie auch 717/18 scheiterten sie bei der Belagerung Konstantinopels an den hervorragenden Abwehrvorrichtungen der Stadt. Konstantinopel benutzte „Geheimwaffen", beispielsweise „Griechische Feuer". Diese brennbare Mischung entzündete sich ohne fremde Hilfe und war vorerst nicht mit Wasser zu löschen. Die Zusammensetzung dieses Gemisches wurde von den Byzantinern wie ein Staatsgeheimnis behandelt.

In den folgenden Jahrhunderten wehrte das Byzantinische Reich die Angriffe von Arabern und Bulgaren weiterhin erfolgreich ab. Es konnte sogar Kreta, Zypern, die östlichen Gebiete Kleinasiens und Bulgarien zurückerobern.

Justinianus Rechtsordnung

Justinian I. leistete einen entscheidenden Beitrag zum Aufbau von Konstantinopel, indem er unter anderem die „Große Kirche Konstantinopels" (die Hagia Sophia) nach dem Aufstand von Nika erneuern ließ.

Auf seine Veranlassung hin wurde erstmals der Versuch einer Systematisierung des römischen Rechts unternommen – der „Codex Justinianus".

Justinian I. der Große
(482 bis 565)
oströmischer Kaiser

482 geboren als Flavius Petrus Sabbaius Justinianus im makedonischen Tauresium.

527 übernimmt er das römische Kaiserreich von seinem Onkel Justin I.

532 übersteht er den Nika-Aufstand in Konstantinopel dank der Entschlusskraft seiner Gemahlin Theodora. Danach versucht Justinian I. das römische Imperium in seinen alten Grenzen wiederherzustellen und führt dazu harte Abwehrkämpfe gegen Perser und Slawen sowie erfolgreiche Kriege gegen die Vandalen in Nordafrika, die Westgoten in Spanien und vor allem gegen die Ostgoten in Italien. Im Innern widmet er sich dem Ausbau einer geordneten Verwaltung, lässt das römische Recht im „Corpus Iuris Civilis" aufschreiben und als frommer Christ die Philosophenschule in Athen schließen.

565 gestorben.

Unter der Leitung des Juristen Tribonianus entstand ab 529 ein Werk in mehreren Teilen, das unter dem Begriff „Corpus Iuris Civilis" auch heute noch gültige Rechtsauffassungen prägt. Im Jahre 534 lag das Gesetzeswerk als eine Sammlung von juristischen Schriften, Anordnungen und Gesetzen vor.

In der ersten Hälfte des 6. Jahrhunderts eroberte Justinian I. viele der durch die Völkerwanderung verlorenen Gebiete zurück. Mit Steuereinnahmen förderte er besonders die Kirche.

Das Mittelalter | Byzantinisches Reich | 53

ZIRKUSPARTEIEN

Die Arena von Konstantinopel, das „Hippodrom", nutzten verschiedene Gruppen als politisches Forum.

Zwei wichtige Parteien waren die so genannten „Blauen" und „Grünen". Nach sportlichen Wettkämpfen trugen deren Sprecher ihre Wünsche dem Kaiser und dem Volk vor. So übten sie einen erheblichen Einfluss auf die Kaiserwahl sowie auf staatliche und kirchliche Entscheidungen aus.

Die Zirkusparteien ähnelten den altgriechischen, demokratischen Institutionen. Sie vereinigten nicht nur die leidenschaftlichen Anhänger verschiedener Rennställe, sondern waren zugleich Organe kirchlicher Willensbildung: die „Blauen" waren traditionell orthodox (die Orthodoxen glauben, Jesus sei Gott und Mensch in einer Person), die „Grünen" waren monophysitisch (die Monophysiten glauben, Jesus Christus sei Gott und nur Gott in menschlicher Gestalt gewesen).

Justinian I. wollte den Einfluss der Zirkusparteien eindämmen. Daraufhin verbündeten sich sogar die zerstrittenen Parteien und entfachten den so genannten „Nika-Aufstand". 532 zogen Gruppen mit dem Ruf „Nika!" (Siege!) plündernd durch die Straßen und legten Feuer an Palästen und Kirchen. Sie wählten einen Gegenkaiser. Justinian wollte anfangs fliehen, ließ sich aber von seiner Gemahlin Theodora umstimmen. Seinen Truppen gelang es, den Aufstand niederzuschlagen. Dabei sollen 30 000 Aufständische im Hippodrom getötet worden sein.

Monophysitismus

Die frühchristliche Lehre des Monophysitismus („Eine-Natur-Lehre") geht davon aus, dass Jesus Christus nur eine göttliche Natur habe und kein wirklicher Mensch gewesen sei.

Die traditionell „orthodoxe" Auffassung war von den zwei Naturen des Jesus von Nazareth ausgegangen: der des Menschen und der des Gottessohnes.

Die unterschiedlichen Auffassungen zur wahren Natur des Jesus Christus führten besonders im 5. und 6. Jahrhundert zu einem schwerwiegenden theologischen Streit. Statt zur Versöhnung führte er zur weiteren Spaltung innerhalb der Kirchen des Orients. In Byzanz, Ägypten und Syrien war der Monophysitismus besonders verbreitet und existiert noch heute.

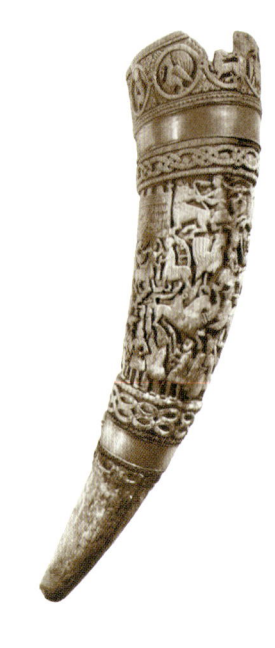

Horn des Fürsten Lehel von Ungarn, dessen Relief das Hippodrom in Konstantinopel zeigt. Ungarn war um 950 ein Teil des byzantinischen Reiches.

DER BILDERSTREIT

Anfang des 8. Jahrhunderts kam es zum Zusammenstoß zwischen Ikonenzerstörern („Ikonoklasten") und Ikonenverehrern („Ikonodulen").

Die Ikonoklasten glaubten, der abgebildete Heilige sei mit dieser Person identisch – sie lehnten deshalb jegliche Bilder ab. Die Ikonodulen dagegen sahen in den Heiligenbildern Gleichnisse und Symbole.

Zur Katastrophe kam es, als Leon III. im Jahr 726 eine Verordnung erließ, in dem er die Zerstörung aller Reliquienbilder anordnete. Kaiser Konstantin V. ließ Ikonodulen sogar einsperren, auspeitschen und töten. Doch im Westen des Reiches leistete man den Ikonoklasten Widerstand, indem man ihre Anordnungen nicht befolgte und sogar einen – allerdings erfolglosen – Gegenkaiser ausrief.

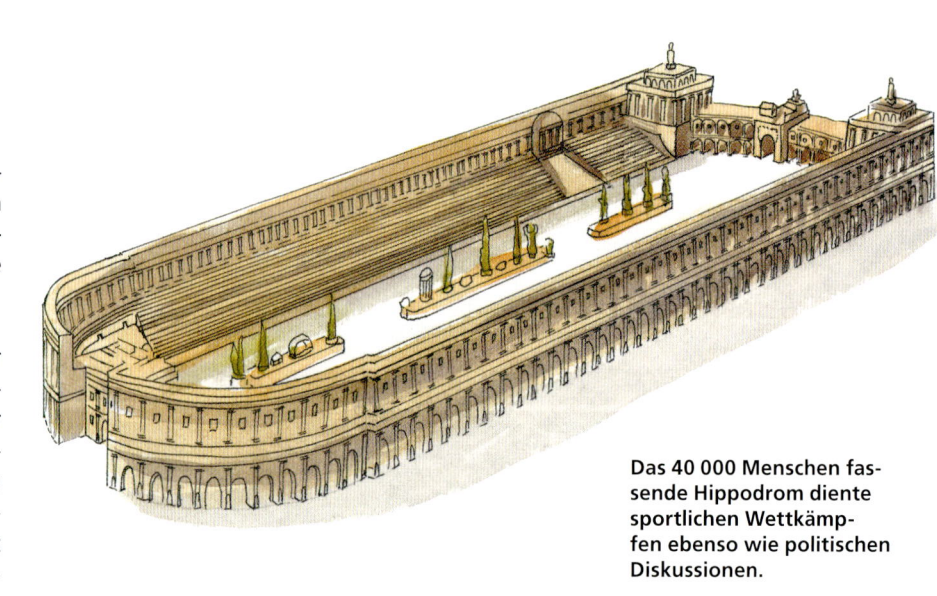

Das 40 000 Menschen fassende Hippodrom diente sportlichen Wettkämpfen ebenso wie politischen Diskussionen.

Über hundert Jahre dauerte dieser Konflikt um die Heiligenbilder an, bis im Jahre 843 die Kaiserin Theodora die Bilderverehrung wieder einführte. Aus diesem Anlass feierte man am ersten Fastensonntag das „Fest der Orthodoxie". In der Zwischenzeit bemühten sich die Kaiser, die der Partei der Ikonoklasten angehörten, um verschiedene Militär- und Verwaltungsreformen, um damit das Budget zu vergrößern, dass sie zur Verteidigung gegen die Araber benötigten. Auch die Verweltlichung (Säkularisierung) vieler Kirchengüter diente diesem Zweck.

Die meisten Mönche und der größte Teil der hohen Geistlichkeit mit dem Patriarchen von Konstantinopel wehrten sich jedoch gegen die Säkularisierung. Sie wollten Bilder als heilige Symbole verehren. Als Ikonodulen traten sie für die uneingeschränkte Macht und den Reichtum der Kirche ein und wurden von dem römischen Papst Gregor III. unterstützt. Er belegte die Ikonoklasten 731 mit einem Bann und mobilisierte sogar das Langobardenheer gegen Byzanz. Er hoffte den Einfluss der griechisch-orthodoxen Kirche zurückdrängen zu können.

KONSTANTINOPEL

Im Jahre 330 weihte Konstantin I. der Große Konstantinopel als seine neue Residenz ein. Sie hieß zunächst „Neu-Rom" und wurde nach dem Vorbild Roms auf sieben Hügeln erbaut.

Bis zu den Kreuzzügen galt Konstantinopel als die reichste Stadt innerhalb des Christentums. An der Schnittstelle zwischen Abend- und Morgenland und mit einem günstig gelegenen Hafen konnte sich hier der Handel mit vielen Regionen Europas, Asiens und Nordafrikas entfalten, besonders der zwischen dem Schwarzen Meer und dem Mittelmeer.

Auf den Märkten und in den engen Handelsstraßen gab es fast alles zu kaufen. Konstantinopel besaß ein hoch entwickeltes Bankwesen und verschiedene Währungen, darunter eine Goldwährung. Für die Reisenden aus aller Welt standen Herbergen zur Verfügung.

Zahlreiche Kirchen, Bäder und Brücken für Wasserleitungen (Aquädukte) machten die Stadt zu einem attraktiven Zentrum. Neben den Wasserleitungen und Aquädukten sorgten unterirdische Zisternen mit einem Fassungsvermögen von 900 000 Kubikmetern für die zuverlässige Wasserversorgung.

Das Volk von Konstantinopel – Handwerker und Händler, kleine Hofbeamte und Familien der Seeleute – wohnte meist in einfachen Holz- oder Ziegelhäusern. Daneben kannte man bereits mehrstöckige Mietskasernen.

Die zuletzt 30 Kilometer lange Stadtmauer wurde unter Theodosius II. errichtet (5. Jahrhundert) und mit einem doppelten Wall versehen. Der „Heilige Palast" Konstantinopels wirkte wie

Hagia Sophia

Das Mittelalter | Byzantinisches Reich

eine Stadt in der Stadt und bestand aus vielen verschiedenen Gebäuden, Höfen, 30 Kapellen, Pavillons, Bädern und Reitschulen.

Die Hagia Sophia bildete den religiösen Mittelpunkt der Stadt und des ganzen Reiches.

Die 40 000 Zuschauer fassende Arena der Pferderennbahn Konstantinopels – das Hippodrom – diente nicht nur der Volksbelustigung durch Auftritte von Komödianten, Tierhatzen und Wagenrennen. Hier trugen auch die als „Grüne" und „Blaue" bezeichneten Zirkusparteien neben ihren sportlichen Wettkämpfen politische Auseinandersetzungen aus.

Auf dem Weg zum „Augustäum", dem Hauptplatz mit der Reiterstatue Justinians I., stand ein Meilenstein, von dem aus alle Entfernungen im Kaiserreich gemessen wurden.

Im 9. Jahrhundert gründete Leon der Mathematiker, der als einer der bedeutendsten Denker der Stadt galt, eine Hochschule. Der Lehrplan seiner Hochschule sah nach antikem Vorbild unter anderem die „Sieben Künste" vor. Einen weitreichenden Einfluss auf die Geschichte der byzantinischen Kultur besaß zudem das Myrióbiblon (eine Bibliothek) – eine Sammlung von über 280 Werken von vorwiegend antiken Autoren.

> **Hagia Sophia**
>
> Die Hagia Sophia (griech. Heilige Weisheit) war die wichtigste Kirche in Konstantinopel. Ihre Kuppel vermittelte dem Betrachter ein Gefühl unendlicher Weite. Justinian I. ließ sie nach dem Nika-Aufstand (532) anstelle einer niedergebrannten Kirche von den Baumeistern Anthemios von Tralleis und Isodoros von Milet errichten. „Salomo, ich habe dich übertroffen" soll er nach Abschluss der Bauarbeiten ausgerufen haben.

MAKEDONISCHE DYNASTIE

Die Regierungszeit des Kaisers Leon VI. markiert einen Höhepunkt des Byzantinischen Reiches. Die Reichshauptstadt entwickelte sich in dieser Zeit sowohl zu einem Zentrum des Handels als auch des geistigen und philosophischen Lebens. Leon der Mathematiker leitete eine Hochschule in Konstantinopel.

Außenpolitisch war das Reich weniger erfolgreich: Sizilien und Thessaloniki wurden von den Arabern erobert. Das Reich musste wiederholt Angriffe durch die Bulgaren und die Kiewer Rus hinnehmen.

Die Kiewer Rus war aus der Verschmelzung ostslawischer Stämme mit warägischen Handelskolonien (Wikinger) hervorgegangen und hatte sich zu einem ernstzunehmenden Konkurrenten im Osten entwickelt. Begünstigt durch den Übertritt der Kiewer Rus zum orthodoxen Glauben mündete die Rivalität zeitweise allerdings auch in einer Partnerschaft, wie etwa mit der Vermählung des Kiewer Fürsten Wladimir mit Anna, der Schwester des byzantinischen Kaisers.

Die Verbindung des Frankenreichs mit dem römischen Papsttum ließ in Westeuropa eine Gegenmacht zu Byzanz entstehen, die ihre Machtansprüche auf die Verwirklichung einer von Gott gegebenen Ordnung zurückführte. Die Krönung Karls des Großen zum Kaiser im Jahre 800 erschien aus byzantinischer Sicht als eine Thronanmaßung, denn in einer göttlichen Weltordnung konnte es nur allein den byzantinischen Kaiser geben. Zwölf Jahre später wurde Karl dennoch von Byzanz als „Kaiser" anerkannt – aber nur als „Kaiser der Franken".

Auch die Kirchen entwickelten sich unterschiedlich. Die endgültige Spaltung (Schisma) der west- und oströmischen Kirche vollzog sich, nachdem die Verhandlungen mit dem Papst über Einflussbereiche in Unteritalien und theologische Fragen ergebnislos verlaufen waren. 1054 legte Papst Leo IX. eine Bannbulle gegen den Patriarchen von Konstantinopel, Michael Kerullarios, auf den Altar der Hagia Sophia. Mit diesem Schriftstück schloss er den Patriarchen von der römisch-katholischen Kirche aus.

Das Schisma der „Westkirchen" und „Ostkirchen" wurde formell 1965 aufgehoben, dauert jedoch faktisch noch bis heute an.

DAS ENDE VON BYZANZ

Im Jahre 1071 schlug Alp Arslan, Sultan der Seldschuken (ein islamisches Herrschergeschlecht) den christlich-byzantinischen Kaiser Romanus IV. Diogenes. Zuerst geriet Ostanatolien, wenig später ganz Kleinasien unter die Herrschaft des seldschukischen Fürstentums „Rum". 1085 eroberten zudem Normannen die Stadt Bari – die letzte byzantinische Bastion in Italien.

Nach einer Periode der Festigung (Konsolidierung) unter der Dynastie der Komnenen (Herrscherfamilie des Byzantinischen Reiches bis 1185) zerschlugen die Kreuzfahrer das Reich. Sie eroberten 1204 Konstantinopel und errichteten das Lateinische Kaiserreich. Im Kaiserreich von Nikaia setzte jedoch Konstantin XI Laskaris die Tradition von Byzanz fort.

Kaiser Michael VIII. Palaiologos – der Begründer der Palaiologen-Dynastie – zog im Jahre 1261 kampflos in Konstantinopel ein, nachdem er sich den Kaiserthron von Nikaia genommen hatte. Damit war das Byzantinische Reich wieder hergestellt.

Mit der Plünderung Konstantinopels durch Kreuzritter 1204 wurde das orthodoxe Byzanz zum Lateinischen Kaiserreich unter dem Katholiken Balduin I.

Doch bereits um 1300 eroberten die Türken unter Osman – Gründer des Osmanischen Reichs – große Teile des byzantinischen Gebietes in Nordwestanatolien und später fast den gesamten Balkan. Sie begannen im 15. Jahrhundert mit der Belagerung Konstantinopels.

Die Macht der schließlich letzten byzantinischen Dynastie der Palaiologen beschränkte sich auf die Stadt Konstantinopel. Mit der Eroberung der Stadt im Jahr 1453 ging schließlich das einst bedeutende Weltreich zu Grunde.

Michael VIII.
(1224 bis 1282)
byzantinischer Kaiser

1224 geboren. Als Feldherr gelingt ihm der Aufstieg zum Mitkaiser in Nikaia, in das die beiden Kaiser Johannes III. und Theodorus II. geflohen waren.

1258 wird Michael VIII. Kaiser, nachdem er Johannes IV. verdrängt hatte. Damit begründet er die Dynastie der Palaiologen.

1259 siegt er über westgriechische Despoten und Lateiner vor Pelagonia und verbündet sich mit Venedigs Rivalen Genua.

1261 befreit er Konstantinopel von dem lateinischen Kaiser Balduin II.

1274 setzt er auf der Kirchenversammlung (Konzil) zu Lyon die Kirchenunion mit Rom durch.

1282 unterstützt er die „Sizilianischen Vesper" gegen Karl I., den er schließlich stürzt.

11.12.1282 stirbt er in Pacormio bei Selymbria.

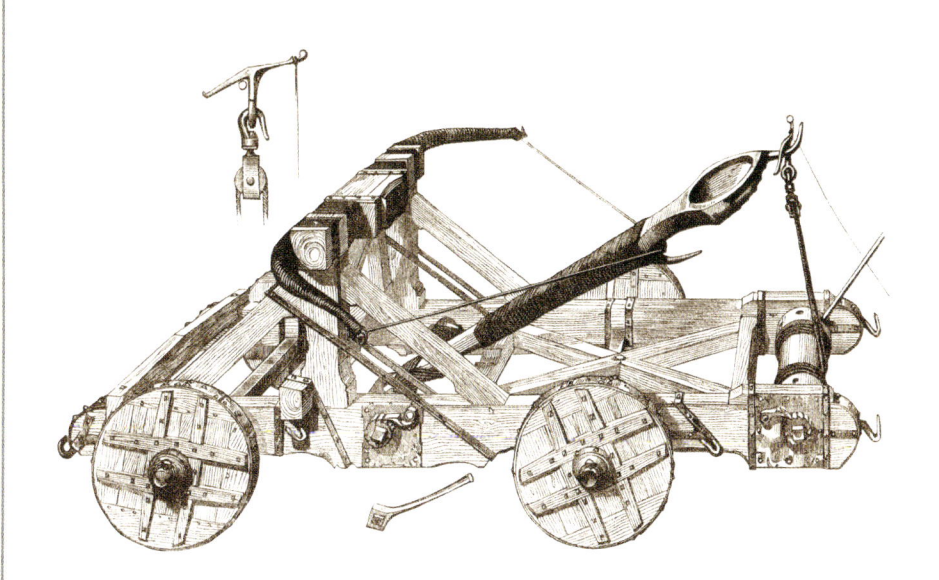

Mit Steinschleudermaschinen, beispielsweise einer Mange, versuchten die Armeen ihre Geschosse über die Befestigungsmauern in die belagerte Stadt zu katapultieren.

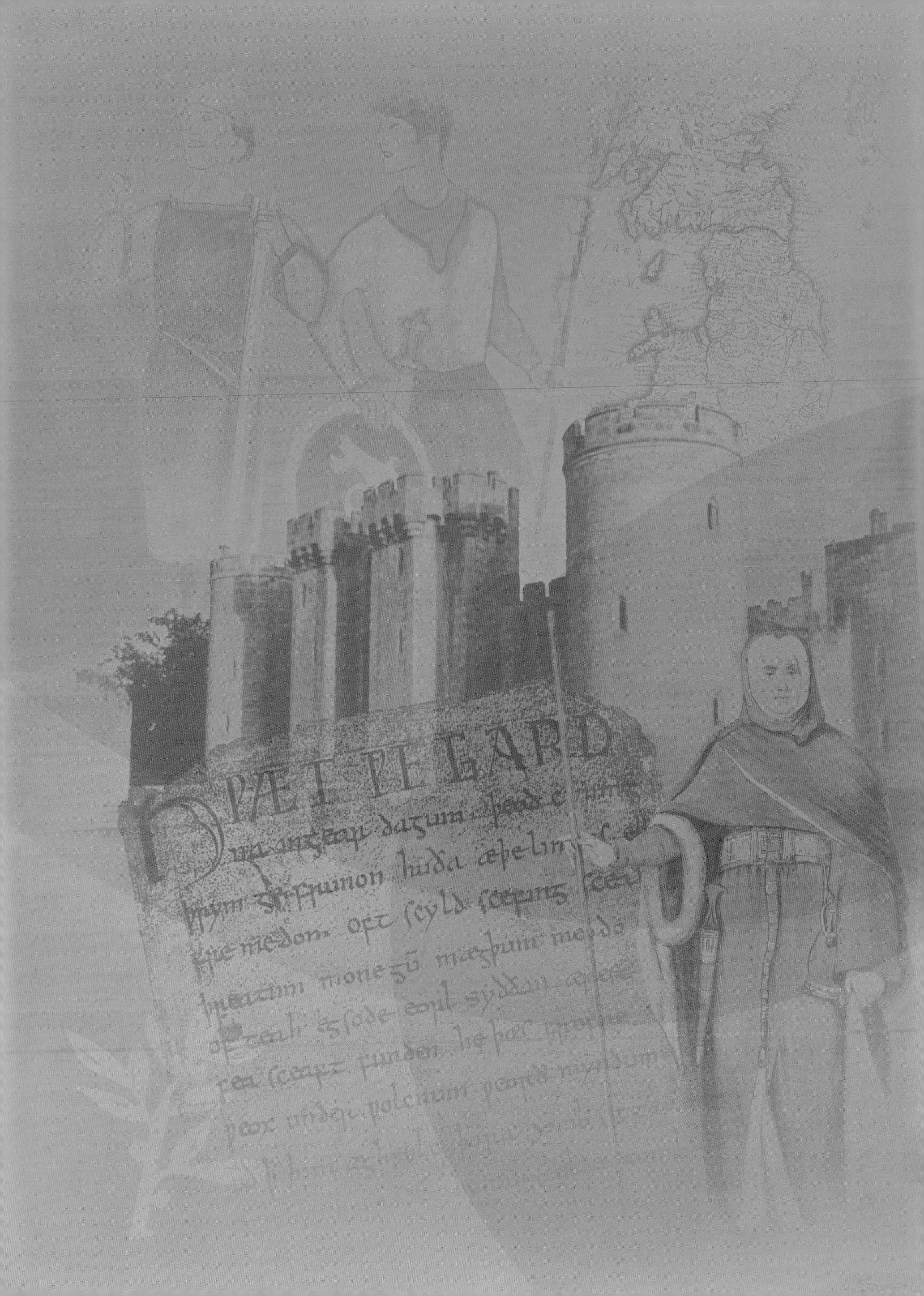

Kapitel 6
Frühes England

Als die Angeln, Sachsen und Jüten anfingen, auf der britischen Insel zu siedeln, stießen sie teilweise auf heftigen Widerstand. Denn diese Neuankömmlinge wirkten auf die ansässigen Briten, die nach über 400 Jahren römischer Besetzung größtenteils bereits Christen waren, wie „gottlose" Barbaren.

Die ersten Königreiche entstanden im Laufe des 7. Jahrhunderts: Ostanglien, Kent, Mercien, Northumbrien sowie Essex, Sussex und Wessex, die 829 unter Egbert erstmals vereinigt wurden.

Gleichzeitig blieben die Übergriffe der Wikinger aus Dänemark eine ernste Bedrohung. Auch ein Friedensvertrag regelte nur kurzfristig den Konflikt, der schließlich zur Besetzung Englands durch die Dänen führte, bis diese wiederum durch die Normannen aus Nordfrankreich abgelöst wurden.

Eines der frühesten und wichtigsten Dokumente dieser Zeit ist die „Magna Charta", mit der englische Adlige von ihrem König die Bestätigung ihrer Rechte einforderten. Aus dem 10. Jahrhundert stammt vermutlich das Heldenepos des Beowulf.

ANGELSACHSEN IN BRITANNIEN

Angeln und Sachsen waren westgermanische Stämme, die im 5. Jahrhundert im Gebiet des heutigen Schleswig-Holsteins lebten. Die Jüten stammten aus dem heutigen Dänemark. Alle drei Stämme begannen ab 450 die Insel Britannien zu besiedeln und zu erobern. Zu dieser Zeit hatten die Römer bereits mit ihrem Rückzug von der Insel begonnen, die sie seit dem 1. Jahrhundert besetzt hielten.

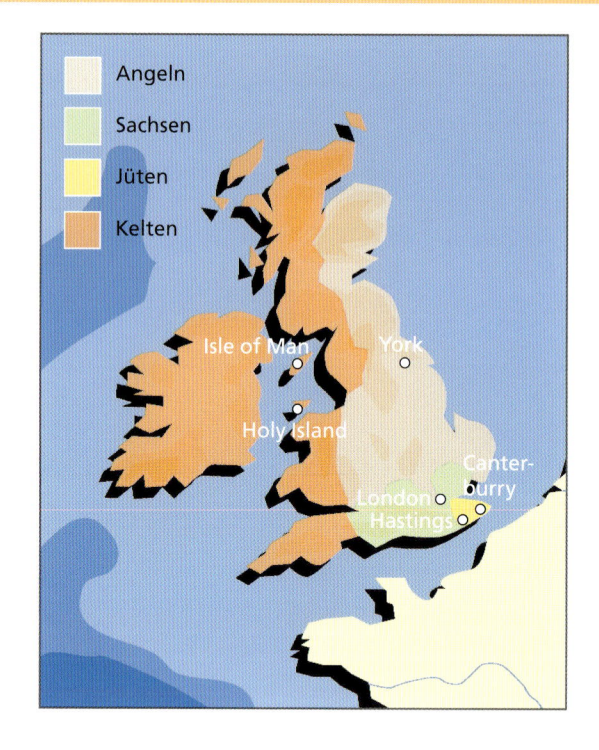

Von Jüten, Angeln und Sachsen um 600 besiedelte Gebiete

Die keltische Bevölkerung war inzwischen größtenteils christianisiert und wehrte sich in den folgenden 150 Jahren massiv gegen die „gottlosen" germanischen Eindringlinge. Auf Dauer konnten sie jedoch deren Siedlungen besonders im Nordosten nicht verhindern. Ein Teil der britannischen Bewohner wurde ausgerottet, anderen gelang die Flucht auf das Festland, die irische Insel oder nach Schottland, Wales und Cornwall, die in keltischer Hand geblieben waren.

Bald bildeten sich kleine Königreiche, die in den folgenden Jahrhunderten häufig Krieg gegeneinander führten, um sich ihren Rang streitig zu machen. Trotzdem bestanden in der Gesellschaft zunächst noch Stammesstrukturen neben denen der Königsherrschaft. So gab es länger und in größerem Umfang als auf dem Festland freie Gemeindebauern mit erblichem Grundbesitz. Diese beschäftigten auch Halbfreie und Sklaven, die aber mehr Freiheit als im früheren Römischen Reich genossen.

Der Boden wurde mit Pflügen bearbeitet, vor die man oft mehrere Ochsen spannte. Es wurden hauptsächlich Getreide, Erbsen und Bohnen in der Dreifelder-Wirtschaft angebaut. Neben Rindern hielt man Ziegen und Schafe. Die freien Bauern schützten sich durch die Aufstellung eines bewaffneten, unab-hängigen Aufgebotes und versammelten sich regelmäßig in Hundertschaften, deren Vertreter im Laufe der Zeit zu Beamten des Königs wurden.

Christianisierung

Unter dem Einfluss der Angeln, Sachsen und Jüten wurde die Christianisierung der Bevölkerung zunächst teilweise aufgehoben oder rückgängig gemacht. Erst im Jahre 597 setzte sie erneut ein, als vom Festland Missionare unter Bischof Augustinus auf die Insel kamen. Von den neuen Bischofssitzen und Klöstern erhielt Canterbury als Zentrum der Mission die erste Kathedrale. Die freien Angelsachsen leisteten hartnäckigen Widerstand, da mit dem neuen Glauben auch überkommene Volksrechte aufgehoben wurden. Gleichzeitig festigte das Königtum seine Position mit Hilfe der Geistlichen (Klerus). Zu dem Druck von unten – resultierend aus der Umverteilung ehemaliger Gemeindeländereien und Gemeindebauernhöfe an den höheren Adel und die Kirche – kamen die Einfälle der Wikinger und Normannen hinzu. Ihre Ära in Britannien begann mit der Plünderung des Klosters Lindisfarne auf der Insel Holy Island am 8.6.793 durch die Normannen.

Ab dem 5. Jahrhundert wanderten Angeln, Sachsen und Jüten aus Schleswig-Holstein und Dänemark nach Britannien ein. Sie brachten ihre Bräuche und ihre Waffentechnik mit nach Britannien.

DAS ENGLISCHE KÖNIGREICH

Im Jahre 829 vereinigte Egbert (König von Wessex bis 839) die sieben Königreiche Kent, Wessex, Sussex, Essex, Ostanglien, Mercien und Northumbrien. Zuvor war ihm in der Schlacht bei Ellendum die Eroberung Merciens geglückt.

Den London Tower ließ der Normanne Wilhelm der Eroberer bauen. Ursprünglich bestand er nur aus dem „White Tower" - einem Wohnturm in normannischer Bauweise.

Inzwischen waren auch die „Dänen" – so nannten die Engländer die Normannen nach ihrem Herkunftsland – im Nordosten sesshaft geworden und eigneten sich Mercien sowie Ostanglien an. Dazu bedrohten sie nun das größte Teilreich Wessex. Nach anfänglichen Misserfolgen und einem Sieg bei Edington schloss Alfred der Große (König von Wessex bis 899) 880 einen Friedensvertrag mit den Dänen, in dem die Linie Chester-London als Grenze festgelegt wurde. Doch während König Edgars Regierungszeit (959 bis 975) unterwarfen die Engländer wiederum die Dänen. Als König Ethelred II. im Jahr 1002 alle Dänen in seinem Herrschaftsbereich ermorden ließ, provozierte er damit eine Invasion der Festlands-Dänen im Jahr 1013 unter Sven Gabelbart. Von 1016 bis 1035 regierte schließlich Dänenkönig Knut II. über England. Unter Eduard dem Bekenner (König von England 1002 bis 1066) kam es zum Konflikt zwischen den Angelsachsen und den (von Eduard begünstigten) normannischen Verwandten. Nach Eduards Tod erhob der Herzog der Normandie, Wilhelm der Eroberer, Anspruch auf die Krone und zog schließlich mit der Einwilligung des Papstes in den Krieg gegen England. In der Schlacht bei Hastings besiegten die Normannen 1066 das Heer von König Harold II., das durch einen Krieg mit Norwegen bereits geschwächt war. Nach der anschließenden Krönung zum englischen König verteilte Wilhelm den Besitz der gefallenen oder rebellierenden Engländer an seine normannischen Barone. Ein Jahr vor Wilhelms Tod – auf einem Feldzug in Frankreich – wurde das „Domesday Book" (englisch für Gerichtstagebuch) gefertigt. Es erfasste den Landbesitz in den 34 Grafschaften (englisch „Shires") und diente als Kataster-, Grund- und Steuerbuch für eine zentrale Verwaltung.

Der Londoner Tower

Der Bau des Londoner Towers am Ufer der Themse wurde als White Tower unter Wilhelm dem Eroberer im Jahre 1078 begonnen. Die 1097 vollendete Anlage entsprach normannischen Burgen (Zitadellen), in denen Wehrbau, Wohngemächer und Repräsentationsräume in einem turmartigen Gebäude untergebracht waren. Der Tower diente bis ins 17. Jahrhundert als Residenz der englischen Könige und wurde danach als Staatsgefängnis genutzt.

Burg Bodiam in Kent entstand im 14. Jahrhundert als Festungsanlage.

Das Mittelalter | Frühes England

GROSSE URKUNDE DER FREIHEITEN

Am 15.6.1215 unterzeichnete der englische König Johann einen Vertrag, der ihm von aufständischen englischen Baronen aufgezwungen worden war. Feierlich musste er seinen Untertanen Garantien gegen jegliche königliche Willkür zugestehen.

In der „Großen Urkunde der Freiheiten" („Magna Charta Libertatum") hieß es: „Kein freier Mann soll verhaftet oder eingekerkert oder um seinen Besitz gebracht oder geächtet oder verbannt werden, es sei denn auf Grund eines gesetzlichen Urteils von Standesgenossen oder gemäß dem Gesetze des Landes." Die Magna Charta regelte Fragen des Lehnsrechts, der Abgaben, des Rechtssystems und des Handels. Das englische Parlament erhielt ein größeres Mitspracherecht. Johann konnte den Forderungen des Adels nichts entgegensetzen, denn nach der Niederlage des englischen Heeres gegen Frankreich in der Schlacht von Bouvines (Flandern) war seine innenpolitische Autorität gebrochen – er musste sich den Bedingungen des Vertrages fügen. Zwar versuchte der König später wiederholt, sich über den Vertragstext hinwegzusetzen, doch musste er dem Druck des Adels immer wieder nachgeben.

Nach der Eroberung Englands durch die Normannen 1066 ernannte der König Richter. Zuvor hatten die Adeligen selbst die Rechtshoheit in ihrem Gebiet inne.

FRÜHE LITERATURWERKE

Vermutlich im 10. Jahrhundert entstand in England das Heldenepos des Beowulf, ein Epos in Versen, das in altgermanischer Sprache verfasst wurde. Die älteste Abschrift des Beowulf enthielt etwa 3000 Verse. Schon früher verfasste der Mönch Beda der Ehrwürdige (673 bis 735) die „Kirchengeschichte des Volkes der Angeln" in lateinischer Sprache. Sie umspannte die Ereignisse bis 731.

In der zweiten Hälfte des 9. Jahrhunderts ließ König Alfred der Große mehrere antike und kirchliche Werke ins Altenglische übersetzen. In dieser Zeit entstand auch mit der „Angelsächsischen Geschichte" das erste Geschichtswerk in der englischen Sprache. Alfred der Große gründete außerdem weltliche Schulen für adelige Kinder. Aus Schweden und Dänemark sind die Edda- und Skaldendichtungen überliefert: Während die Skalden die Schlachten der Wikinger besingen, sind in den Heldenliedern der Edda historische Ereignisse der Völkerwanderung ver-

Beowulf-Handschrift
Das Heldenepos des Beowulf beschreibt die Ereignisse um den König Beowulf, der in Südschweden lebte. Entstanden ist das Epos jedoch in England.

arbeitet. Die älteste bekannte Fassung stammt aus dem 12. Jahrhundert. Wikinger schufen auch die Island-Sagas, beispielsweise die Saga von Erich dem Roten, dem Gründer Islands.

DER HUNDERTJÄHRIGE KRIEG

Im 14. und 15. Jahrhundert führten komplizierte verwandtschaftliche Beziehungen zwischen französischer und englischer Krone zum Hundertjährigen Krieg.

Mit dem Tod des französischen Königs Karl IV. (1328) erlosch das Herrscherhaus der Kapetinger. Eduard III. – der englische König und Enkel des französischen Königs Philipp IV – erhob Anspruch auf die französische Krone. Sein Ziel war die Errichtung einer Doppelmonarchie zu beiden Seiten des Ärmelkanals. Aber auch die Frage der Oberhoheit über Flandern sollte militärisch gelöst werden.

Die Kriegshandlungen begannen im Jahre 1337 mit dem Einmarsch des englischen Königs Eduard III. in Frankreich. Zuvor hatte der römisch-deutsche Kaiser Ludwig IV. der Bayer, Eduard III. als König von Frankreich anerkannt. Offiziell nahm Eduard III. den Titel „König von Frankreich" erst zwei Jahre später (1340) nach seinem Sieg in der Seeschlacht bei Sluis gegen König Philipp VI. an. Die schwerfälligen Ritterheere Frankreichs hielten der gut geführten englischen Armee mit ihren hervorragenden Langbogenschützen nicht stand. Der Fall von Bordeaux 1355 und die Niederlage von Maupertuis 1356 stürzten Frankreich in eine tiefe Krise. 1360 endete diese Phase dieses Krieges mit dem Frieden von Brétigny, Edward III. verzichtete auf seinen Thronanspruch gegen ein hohes Lösegeld sowie für die Abtretung der Gebiete Guyenne, Gascogne, Poitou und Limosouin. Nach einer neunjährigen Unterbrechung der Kämpfe

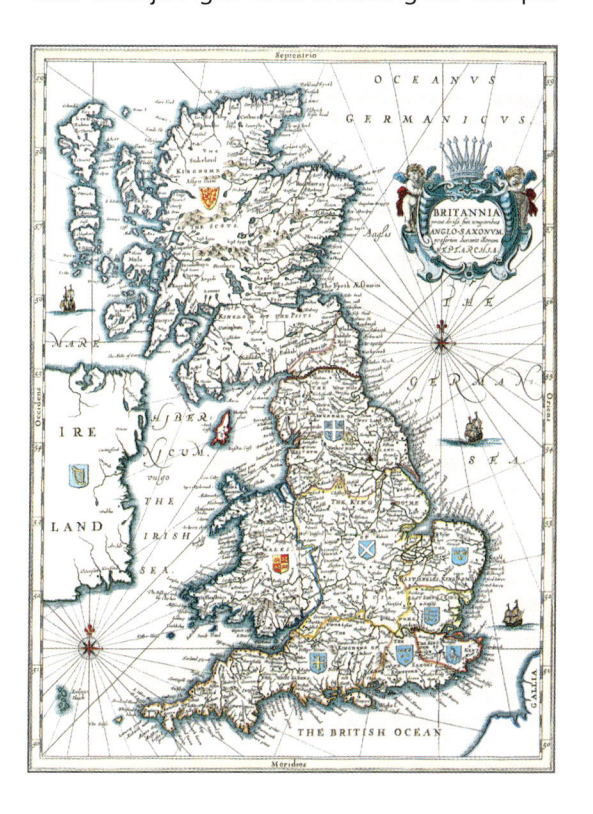

Chronik des Hundertjährigen Krieges

1340	Englischer Sieg bei Sluis
1346	Sieg der Engländer bei Crécy
1347	Trotz heldenhaften Widerstandes besetzen die Engländer die Stadt Calais
1356	Engl. Sieg bei Maupertuis, Gefangennahme König Johann II., des Guten
1360	Friede von Brétigny
1369	In dem erneutem Krieg setzen die Engländer auf Abnutzungsgefechte
1415	Sieg der Engländer bei Azincourt
1420	Frieden von Troyes
1422	Proklamierung Karl VII.
1429	Der neu entfachte französische Widerstand unter Jeanne d'Arc zwingt die Engländer zur Aufgabe von Orléans
1453	Nach dem Sieg der Franzosen bei Castillon enden die Kämpfe

trieben die Franzosen ab 1369 in einem Kleinkrieg die Engländer an die Küste zurück und besiegten die englische Flotte mit kastillischer Unterstützung 1372 bei La Rochelle. 1386 endeten die Kampfhandlungen, ein offizieller Friedensvertrag wurde jedoch erst 1396 unterzeichnet. Zudem konnten 1382 französische Truppen Aufstände in den flandrischen Städten niederschlagen.

Doch als König Karl VI. begann, unter geistiger Umnachtung zu leiden, brachen 1392 zwischen den Herzögen von Burgund und Orléans Machtkämpfe aus, die zum Bürgerkrieg in Frankreich führten. Diese Situation nutzten die Engländer unter Heinrich V. im August 1415 zu einer erneuten Invasion in Frankreich, bei der sie das französische Ritterheer schlugen. Außerdem kam es zum Bündnis zwischen England und Burgund, das Heinrich V. an der Regierung beteiligte.

Nach der Verkündung (Proklamation) von Karl VII. zum neuen König Frankreichs erhielt der Kampf gegen England neuen Auftrieb. Besonders die Jungfrau von Orléans – Jeanne d'Arc – konnte die Franzosen zu vielen Siegen führen. Schließlich mussten sich die Engländer aus Orléans zurückziehen, Karl VII. – gestärkt durch seine Einigung mit Burgund 1435, die Aufstellung eines stehenden Heeres 1438 und eine umfassende Steuerreform 1439 – marschierte in die Normandie. Im Jahre 1453 siegten die Franzosen erneut bei Castillon. Schließlich kamen die Kämpfe zum Erliegen, und England behielt Calais als einzige Besitzung auf dem Festland. Der französische Nationalstaat ging gefestigt aus dem Krieg hervor.

England 1676

In Folge des Hundertjährigen Krieges hatte England alle Gebiete auf dem Festland verloren.

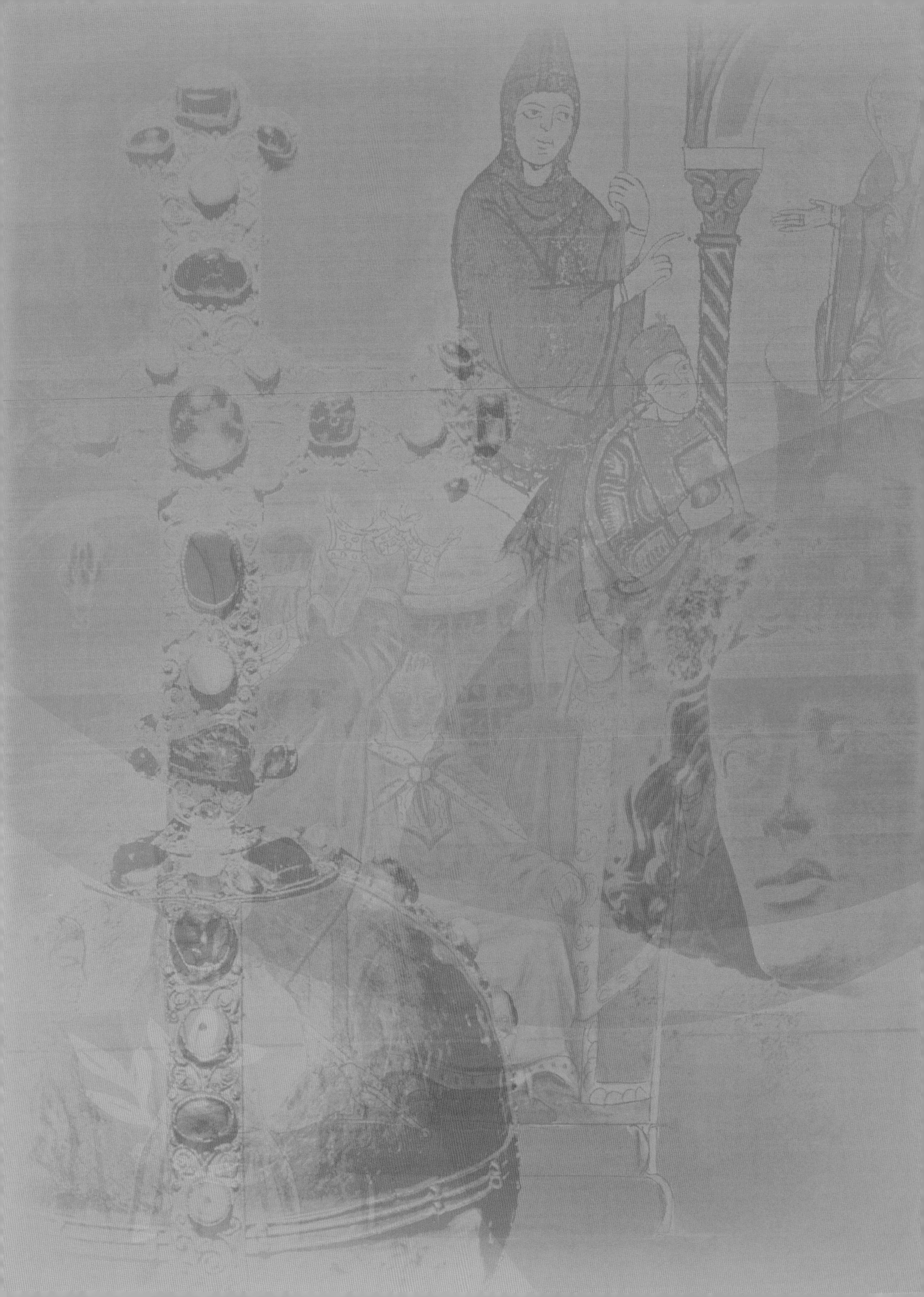

Kapitel 7: Deutschland

Erstmals in Mitteleuropa erhielt Karl der Große durch Papst Leo III. im Jahr 800 als Kaiser die Weihen der Kirche. Die nächste Krönung durch einen Papst fand erst wieder 962 für Otto I. statt. Das auf diese Weise mit dem römischen Kaisertum verbundene deutsche Kaisertum verstand sich zunächst als eine Erneuerung des alten römischen Weltreiches, zugleich aber auch als christliches Bündnis gegen die Heiden in Mitteleuropa und damit zur Verbreitung der römisch-katholischen Lehre

Dabei waren die Beziehungen zwischen den jeweiligen Kaisern und den Päpsten in Rom ständig von Auseinandersetzungen um die Macht geprägt. Wem war der Vorrang zu geben – der weltlichen oder der geistlichen Macht? War ein weltlicher Kaiser dem Papst ebenbürtig und von Gottes Gnaden eingesetzt?

In der Form eines föderativen Staatenbundes (alle Einzelstaaten bleiben im Staatenbund weitgehend eigenständig) und mit den Weihen der Kirche bestand das Heilige Römische Reich Deutscher Nation, bis es von Napoleon aufgelöst wurde. Dieser zwang Franz II. zum Verzicht auf die deutsche Krone, so dass nur noch Österreich-Ungarn als Kaiserreich blieb.

HEILIGES RÖMISCHES REICH DEUTSCHER NATION

Nach dem Tod von Kaiser Karl dem Großen am 28.1.814 löste sich das Frankenreich allmählich auf, denn unter den Söhnen und Enkeln Karls entstand ein blutiger Zwist um das Erbe. 842 gelang es diesen in den Straßburger Eiden beizulegen, indem Ludwig II. der Deutsche und Karl der Kahle ein vorläufiges Bündnis schlossen.

Zu einer weiteren Teilung des Frankenreiches kam es im Jahre 870 nach dem Tod Lothars II. mit dem Vertrag von Meersen: Lotharingien wurde zwischen seinen Söhnen Ludwig dem Deutschen. und Karl dem Kahlen geteilt. Den östlichen Teil erhielt Ludwig. Später sollte diese Regelung zur Grundlage der Grenzziehung zwischen Frankreich und Deutschland werden.

Die Dynastie der Karolinger endete, als 911 der Frankenherzog Konrad I. von den Franken Austriens, den Sachsen, den Bayern und den Schwaben zum König gewählt wurde. Konrad I. versuchte, zusammen mit der Kirche, die inzwischen mächtig gewordenen Stammesfürsten auszuschalten.

Er scheiterte aber auf allen Gebieten: Gegen die Stammesfürsten und gegen die von Norden und Osten eindringenden Ungarn. Am Ende gab er auf und schlug seinen stärksten Rivalen als Nachfolger vor: Herzog Heinrich von Sachsen. Die Ostfranken und Sachsen willigten sofort, die anderen Stämme später ein.

Festigung des Römisch-Deutschen Reiches

Heinrich I. regierte von 919 bis 936. Um die Anerkennung seines Königtums zu erreichen, verzichtete er auf Lothringen, nachdem es ihm gelungen war, die Schwaben, Lothringer und den Herzog von Bayern auf seine Seite zu ziehen. Während eines neunjährigen Waffenstillstandes mit Ungarn ließ Heinrich I. gegen neue Angriffe ein System von Fluchtburgen in Sachsen und Thüringen errichten. Gleichzeitig stellte er ein Heer von gepanzerten Reitern auf, das die Ungarn 933 bei Riade an der Unstrut schlug und half, das Reich zu sichern. Heinrichs Sohn Otto I. war nach Karl dem Großen der erste Kaiser, der sich wieder in Aachen krönen ließ. Mit ihm begann die Epoche der Ottonen (Könige und Kaiser des sächsischen Hauses).

Otto I. versuchte der Macht einiger Stammesfürsten wirksamer zu begegnen, indem er hohe Geistliche mit weltlichen Herrschaftsaufgaben betraute.

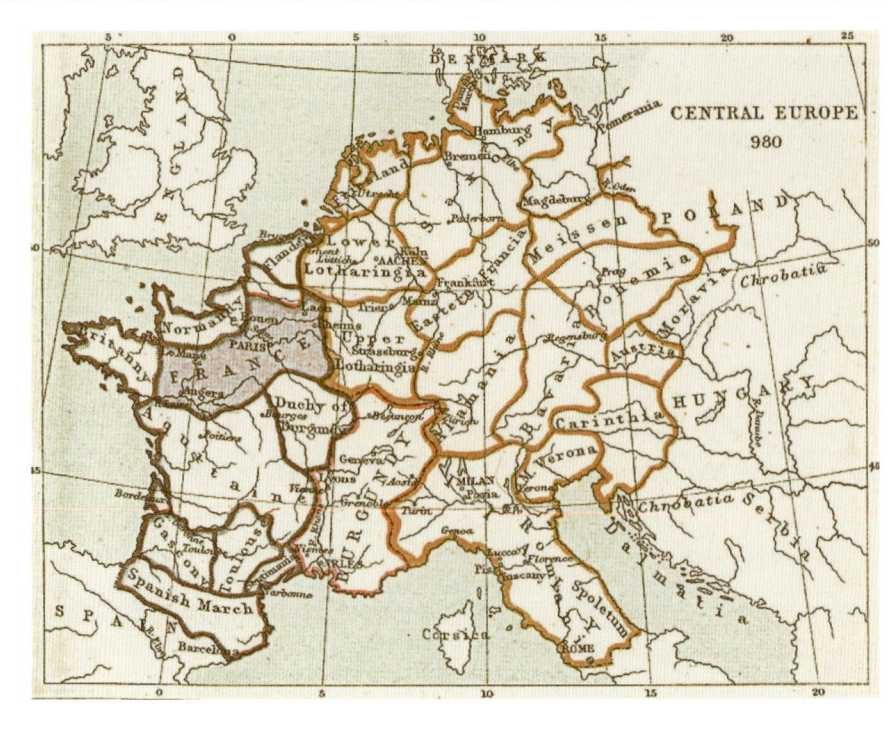

Reichsgrenzen von 980

Das Deutsche Reich entwickelte sich aus dem östlichen Teil des Frankenreiches.

Im 11. Jahrhundert kam es zu einem ersten Höhepunkt in der Auseinandersetzung mit dem damaligen Papst Gregor VII.: Der Papst meinte, er allein sei berechtigt, kaiserliche Machtsymbole (Insignien) zu tragen, Kaiser abzusetzen und Untertanen eines ungetreuen Herrschers vom Treueeid zu lösen. Vor allem sei es unstatthaft, kirchliche Würdenträger durch Laien einsetzen zu lassen (Investiturstreit, schon von Heinrichs Vater, Heinrich III., eingeleitet). Auf dem Reichstag zu Worms im Januar 1076 ließ Heinrich IV. Papst Gregor VII. von den versammelten Bischöfen für abgesetzt erklären. Dieser wiederum bannte Heinrich IV. 1076 und erklärte ihn für abgesetzt. Die deutschen Fürsten bedrängten Heinrich IV. daraufhin so sehr, dass er im Dezember 1076 den berühmten „Gang nach Canossa" unternahm: Im Januar 1077 tat er vor Papst Gregor VII. drei Tage lang Buße.

In der Gesellschaft der deutschen Länder nahm der Feudalismus zu, jedoch langsamer als in Westeuropa, das unter römischer Herrschaft gestanden hatte. So konnten sich kleine Markgenossenschaften mit freien Bauern im Osten länger als im Westen behaupten. Im Gegensatz zu den freien mussten die hörigen Bauern eine Natural- und Geldsteuer zahlen. Außerdem mussten sie bis zu sechs Wochen im Jahr unbezahlte Fronarbeit leisten.

Daneben gab es noch leibeigene Bauern, die zu den Naturalabgaben drei Tage wöchentlich auf den Ländereien ihrer Herren arbeiten mussten.

Pfalz von Aachen

Die mittelalterliche Pfalz in Aachen war eine Königsburg oder ein königlicher Palast, in dem der Herrscher mit seinem Gefolge auf Reisen abstieg. Auch Hoftage wurden hier veranstaltet. Eine Pfalz bestand in der Regel aus mehreren Gebäuden, wie Palast und Kapelle.

Der karolingische Hofstaat, der schon wegen besserer Versorgungsmöglichkeiten von Pfalz zu Pfalz zog, erkor von 250 Pfalzen Aachen zu seiner Lieblingsresidenz. Sie entstand auf den Resten einer ehemaligen Römersiedlung, die schon zu den Zeiten Pippins als Königshof genutzt wurde.

Karl der Große ließ von seinem Baumeister einen Kaiserpalast (auf einem 120 mal 120 Meter großen Areal) errichten. Dieser bestand aus Königshalle, Säulengang, Pfalzkapelle (mit achteckigem Grundriss) und Wirtschaftsgebäuden. Stilistisch orientierte man sich an Gebäuden im byzantinischen Ravenna: An der Westseite der Kirchenempore stand der schlichte Steinthron des Kaisers, zu dem sechs Stufen – wie zum Thron des König Salomo – hinaufführten.

Außerdem besaß Aachen warme Heilquellen, die schon die Römer genutzt hatten und die auch den fränkischen Herrschern besonders im Alter Linderung von mancherlei Gebrechen versprachen.

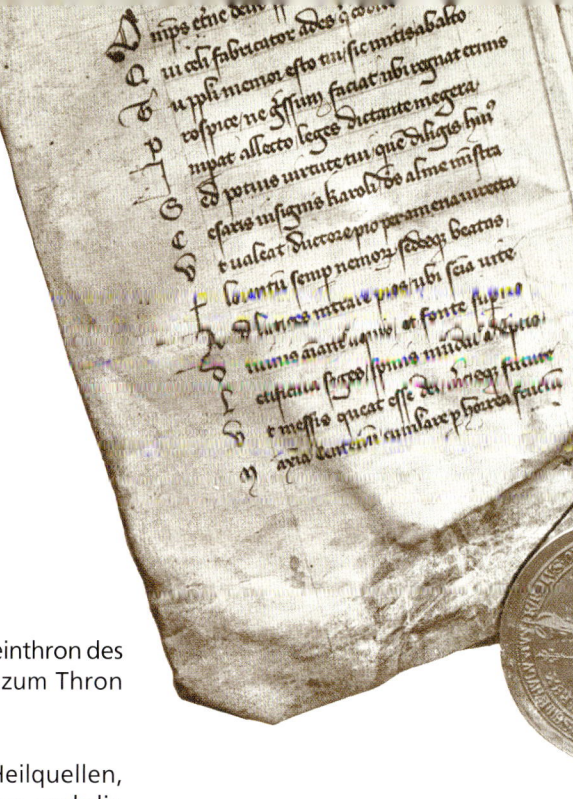

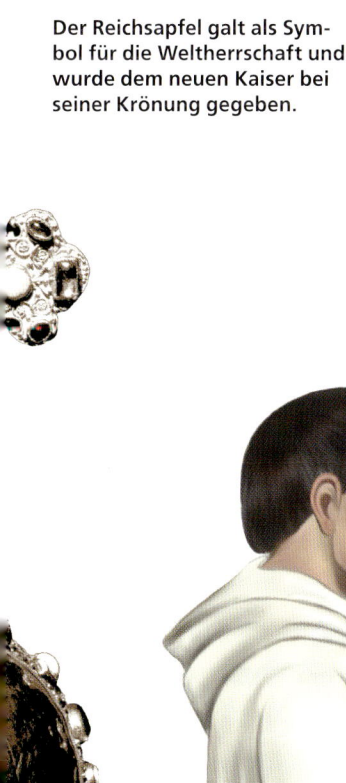

Mit der Goldenen Bulle schuf Karl IV. im Jahre 1356 eine Art Grundgesetz für das Deutsche Reich, in dem er auch die Königswahl und den Landfrieden regelte.

Der Reichsapfel galt als Symbol für die Weltherrschaft und wurde dem neuen Kaiser bei seiner Krönung gegeben.

In der Aachener Pfalz wurden traditionell die fränkischen Herrscher gekrönt.

OTTONEN

Als im Jahre 936 Heinrich I. – „der größte König Europas" – den Folgen eines Schlaganfalls erlag, wurde auf dessen Anweisung sein Sohn Otto I. zum König gewählt. Prunkvoll wurde er in Aachen gekrönt. Doch schon bald brachen mit Beteiligung seines Bruders Heinrich Aufstände aus, die Ottos Zentralgewalt beeinträchtigten.

Diese beruhte vor allem darauf, dass Otto I. hohe Geistliche mit weltlichen Herrschaftsaufgaben betraute. Sie beherrschten nämlich die lateinische Sprache der Kirche und Diplomatie und schienen Otto noch aus einem zweiten Grund geeignet für Staatsämter: Geistliche blieben in der Regel unverheiratet. Es entfielen so mögliche Streitigkeiten um eine Erbschaft und nach dem Tod eines geistlichen Würdenträgers konnte der König einen Nachfolger ernennen.

Nachdem Otto I. gemeinsam mit Markgraf Gero und Herzog Hermann Billung die Slawen an der Elbe unterworfen hatte, wurde in der neuen Grenzmark zwischen Havel, Spree und Oder im Jahr 968 das Erzbistum Magdeburg gegründet.

955 schlug Otto I. die Ungarn entscheidend in der „Schlacht auf dem Lechfeld" bei Augsburg. Sein Heer bestand neben Aufgeboten fast aller deutschen Stämme auch aus böhmischen Soldaten. Bald danach begann die Missionierung der Ungarn.

In Italien lernte Otto seine Frau Adelheid – die Witwe des Königs von Italien – kennen und erhob sich schließlich zum „König der Franken und Langobarden". Dabei machte er sich die politische Zersplitterung Italiens und auch die Schwäche des Papsttums zu Nutze. Er bemächtigte sich mit seinen Adeligen Nord- und teilweise Mittelitaliens, der Lombardei sowie der Toskana und ließ sich unter dem Beifall des Volkes von Papst Johannes XII. im Jahre 962 zum Kaiser krönen. Als Gegenleistung bestätigte Otto dem Papst die früheren Schenkungen, auf denen der Kirchenstaat entstanden war. Doch wenig später gerieten die beiden in Streit: Kaiser Otto I. eroberte Rom und brachte den ihm verbundenen Papst Leo VIII. an die Macht.

Weniger Glück hatte der Kaiser bei seinen Versuchen, in Süditalien Fuß zu fassen. Die jahrelangen Kleinkriege mit den byzantinischen Rivalen wurden erst durch die Ehe zwischen Theophano, der Nichte des oströmischen Kaisers, mit dem Thronfolger Otto II. beigelegt.

Sohn Otto II. setzte sich mit dem Dänenkönig Harald Blauzahn auseinander, entkam 978 bei einem Überfall des französischen Königs Lothar auf Aachen und 982 bei Überfällen der arabischen Sarazenen in Unteritalien nur knapp der Gefangenschaft. Bei einem Aufstand der Slawen verlor er das Land zwischen Elbe und Oder.

Als Otto II. starb, war sein Sohn erst drei Jahre alt. Bis Otto III. volljährig – damals 15 Jahre alt – wurde, führten seine Mutter Theophano und seine Großmutter die Regierung. Viele weltliche Fürsten strebten in dieser Zeit nach Unabhängigkeit, indem sie versuchten, ihre Lehen (geliehene Länder) erblich zu machen.

Als sich Otto III. 995 Italien zuwandte, beabsichtigte er, das römische Reich im christlichen Glauben zu erneuern. Denn er war durch den byzantinischen Einfluss der Mutter und durch seine Erziehung im kirchlichen Reformgeist geprägt. Da die bisherigen Päpste in die Interessen des römischen Adels verwickelt waren, wollte Otto den Papst künftig selbst einsetzen und an die Spitze eines christlichen Reiches stellen.

Zum Ärger der Römer bestimmte er seinen Vetter Brun zum Papst Gregor V. (erster deutscher Papst) und ließ sich 996 von ihm zum Kaiser krönen.

Die ottonische Buchmalerei lehnte sich sowohl an den karolingischen Stil als auch an die Kunst von Byzanz an.

Otto II. musste in seiner Regierungszeit vor allem Dänen, Franzosen, Sarazenen und Slawen abwehren.

Das Mittelalter | Deutschland

Im Alter von nur 21 Jahren starb Otto III. 1002 in der Nähe Roms und wurde in Aachen neben Karl dem Großen beigesetzt.

Sein Nachfolger Herzog Heinrich von Bayern gewann die Anerkennung der deutschen Fürsten und wurde im Jahre 1014 als Heinrich II. deutschrömischer Kaiser. Nach zunächst erfolgreichen Feldzügen gegen den Polenkönig Boleslaw Chrobry verlor er 1018 jedoch Bautzen, die Lausitzer Marken und Mähren.

Nach dem Tod Heinrichs II. wurde Konrad II. von 1027 bis 1039 Kaiser. Er konnte das Land zwischen Oberrhein und Mittelmeer in Besitz nehmen und so Gebietsverluste im Norden und Süden ausgleichen. Außerdem machte Konrad die Lehen kleiner Vasallen (Gefolgsmänner) erblich und gab auch Unfreien Lehen.

Sein Sohn Heinrich III. bemühte sich in seiner siebzehnjährigen Regentschaft um kirchliche Reformen. Er griff auch die Idee des Gottesfriedens auf, um das Fehderecht der Adeligen auf wenige Wochentage zu beschränken. Auf der Synode von Sutri 1046 ersetzte er drei rivalisierende Päpste durch den Bischof von Bamberg, den er zum Papst Klemens II. ernannte.

Otto I. der Große
(912 bis 973)
fränkischer König und römisch-deutscher Kaiser

23.11.912 geboren als Sohn von Heinrich I.

930 Heirat mit Edgitha, der Halbschwester des angelsächsischen Königs Æthelstan.

936 Ernennung zum König in Aachen. Auseinandersetzungen mit den Herzögen von Lothringen, Franken und Bayern

941 Neuordnung seines Reiches nach Ausschaltung seiner Thronkonkurrenten

944 – 949 Ernennung von Verwandten zu Herzögen von Lothringen, Bayern und Schwaben. Sachsen und Franken bleiben ihm unmittelbar unterstellt.

948 Errichtung von Marken und neuen Bistümern für die Slawen- und Skandinavenmission

950 Eingriff in die Thronfolge in Italien auf Bitte der Königinwitwe Adelheid

951/952 Erster Italienfeldzug, mit dem er die Herrschaft über das Regentum Italiae erlangt. Heirat mit Adelheid.

953/95 schwere Regierungskrise auf Grund eines Aufstandes seines Sohnes Luidolf und der mit ihm verbündeten Verwandten sowie Einfällen der Ungarn.

954/955 Niederschlagung des Aufstandes und Sieg über die Ungarn. Schaffung der „Reichskirche" als Stütze seiner Macht.

961 – 965 Zweiter Italienzug und Krönung zum Kaiser.

963 Absetzung Johannes XII.

966 – 972 Dritter Italienzug.

972 Heirat seines Sohnes mit Theopano aus Byzanz und damit Anerkennung seines Kaisertums.

7.5.973 gestorben in Memsleben.

Otto der III. strebte vorrangig eine christliche Erneuerung des Reiches an. Sein Wunsch, den Papst in Rom selbst einzusetzen, stieß jedoch auf Widerstand der Römer.

INVESTITURSTREIT

1075 verbot der Papst Gregor VII. die Besetzung kirchlicher Ämter durch Nicht-Geistliche (Laieninvestitur). Gleichzeitig ernannte Gregor den Bischof von Rom zum Herrscher einer Universalkirche. Außerdem sollte nur der Papst das Recht haben, Symbole kaiserlicher Macht zu tragen, Kaiser abzusetzen und Untertanen vom Treueeid gegenüber ihrem Herrscher zu befreien.

Erbost ließ der deutsche König Heinrich IV. den Papst von den versammelten Bischöfen auf dem Wormser Reichstag kurzerhand absetzen. Gregor VII. seinerseits verhängte nun einen Kirchenbann: Er sprach dem deutschen Herrscher Rang und Würde ab und ließ ihn exkommunizieren. Auf Druck der deutschen Bischöfe, die ihm nun Unterstützung versagten und der deutschen Fürsten sah sich Heinrich IV. schließlich zum „Gang nach Canossa" gezwungen. Andernfalls wäre seine politische Laufbahn zu Ende gewesen. Er tat drei Tage Buße vor dem Papst. Doch endgültig endete der Streit um die Vorrangstellung von Kirche oder Staat erst am 23.9.1122. Kaiser Heinrich V. und der Papst Kalixt II. einigten sich in Worms auf einen Kompromiss: Bischöfe und Äbte sollten von katholischen Kirchenvertretern gewählt werden und nicht vom Kaiser eingesetzt werden. Das ottonische Reichskirchensystem war damit hinfällig geworden. Bischöfe und Äbte waren nicht mehr Beamte, sondern wurden den Reichsfürsten gleichgestellt.

Über Generationen stritten sich Kaiser und Papst, wer die Bischöfe einsetzen durfte.

HEINRICH IV. – GANG NACH CANOSSA

Als Heinrich III. vierzigjährig starb, war Heinrich IV. noch ein unmündiger Knabe, für den Kaiserin Agnes die Herrschaft übernahm. Nachdem Heinrich IV. die Regentschaft übernommen hatte, kam es zum Konflikt mit Papst Gregor VII.

Heinrich hatte den Bischof von Mailand selbst ernannt – eigentlich die Aufgabe des Papstes. Dieser sah darin eine Einmischung in die Belange der Kirche und verhängte 1076 den Kirchenbann über Heinrich IV.

Wegen Absetzungsdrohungen der Fürsten unternahm Heinrich 1076 seinen legendären „Gang nach Canossa". Um ein Zusammentreffen des Papstes mit der deutschen Fürstenopposition zu verhindern, zog Heinrich IV. dem anreisenden Papst entgegen und erschien an drei auf einander folgenden Tagen im Büßergewand vor der Burg Canossa, in der sich Papst Gregor VII. aufhielt.

Trotzdem wurde Heinrich IV. von seinem Sohn Heinrich V., der auf der Seite der Fürstenopposition stand, 1105 gefangen genommen.

Am 7.8.1106 starb Heinrich IV. in Lüttich. Erst fünf Jahre später wurde der Kirchenbann aufgehoben und der König konnte im Dom zu Speyer beigesetzt werden.

Der „Gang nach Canossa" des Kaisers Heinrich IV. schwächte die Position des Kaisers gegenüber dem Papst. (Buchmalerei in der Handschrift „Vita Mathildis", 1114)

STAUFER & WELFEN

Obwohl Heinrich V. noch vor seinem Tod die Herrschaftssymbole (Insignien) dem Welfenherzog Heinrich dem Stolzen von Bayern und Sachsen übergeben hatte, wählte am 7.3.1038 eine Minderheit den ehemaligen Gegenkönig Konrad von Staufen zum König. Doch Heinrich verweigerte die Herausgabe seiner Herzogtümer, so dass sich der staufisch-welfische Konflikt zuspitzte und Heinrich der Stolze geächtet wurde.

Am Ende wurde Heinrich der Löwe – minderjähriger Sohn von Heinrichs dem Stolzen – mit dem Herzogtum Sachsen belehnt. Heinrich II. Jasomirgott wurde Markgraf von Österreich und 1143 auch Herzog von Bayern.

Weitere Thronfolger

4.3.1152: Wahl Friedrichs I. Barbarossa. Er wurde 1155 von Papst Hadrian IV. zum Kaiser gekrönt.

1190: Wahl Heinrichs VI., Papst Coelestin krönte ihn 1191 zum Kaiser.

1198: Der Staufer Philipp von Schwaben und der Welfe Otto (IV.) von Braunschweig konkurrierten nach einer Doppelwahl um die Thronfolge in Aachen.

11.11.1208: Wahl Ottos IV. nach Ende des Bürgerkrieges zwischen den beiden Herrscherhäusern. Er wurde 1209 in Rom zum Kaiser gekrönt.

1212: Wahl Friedrichs II. Er wurde 1220 von Papst Innozenz III. zum Kaiser gekrönt. Innozenz III. belegte Otto IV. wegen dessen Italienpolitik 1210 mit einem Bann.

1246: Ernennung von Heinrich Raspe zum Gegenkönig. Zuvor hatte Papst Innozenz IV. Friedrich II. für abgesetzt erklärt.

1247: nach dem Tod Raspe's Wilhelm von Holland wurde als neuer König von der päpstlichen Partei gewählt.

1257: Richard von Cornwall und Alfons X. der Weise wurden – jeweils von der englischen sowie von der französischen Partei der sieben Kurfürsten, die sich als Königswähler etablieren konnten – gewählt.

11.9.1273: Unter Rudolf I. von Habsburg begann nach seinem Sieg über den aufständischen Otokar II. von Böhmen die Hausmacht der Habsburger über Österreich und auch über dessen Nebenländer.

23.6.1298 und 27.7.1298: Nach der Absetzung von Adolf von Nassau durch die Mainzer Kurfürstenversammlung trat Albrecht I. von Habsburg die Nachfolge an.

27.11.1308: Heinrich VII. von Luxemburg wurde Thronnachfolger, nachdem König Albrecht I. wegen Erbstreitigkeiten vom Neffen Parricida ermordet worden war.

19/20.10.1314: Wahl Friedrichs des Schönen und Gegenwahl von Ludwig dem Bayern. 1322 besiegte Ludwig Friedrich und nahm ihn gefangen. 1325 söhnten sich beide Herrscherhäuser aus und regierten gemeinsam, bis Friedrich ein Jahr später verzichtete. 1328 ließ sich Ludwig von einem römischen Kardinal „im Namen des Volkes" zum Kaiser krönen, nachdem er den Papst Johannes XXII. wegen Ketzerei für abgesetzt erklärt hatte.

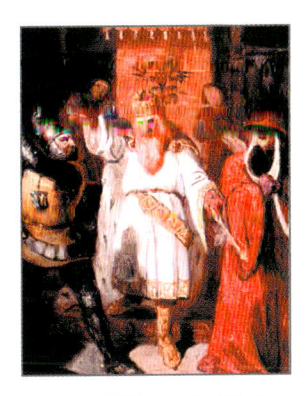

11.7.1346: Wahl Karls IV. auf Verlangen von Papst Klemens VI.

Im Jahr 1152 wurde Friedrich I. Barbarossa deutscher Kaiser. Er war einer der Führer des Dritten Kreuzzuges um 1190.

Pergamentseite aus dem Werk des Kaiser Friedrich II. „De arte venandi cum avibus" über die Falkenjagd.

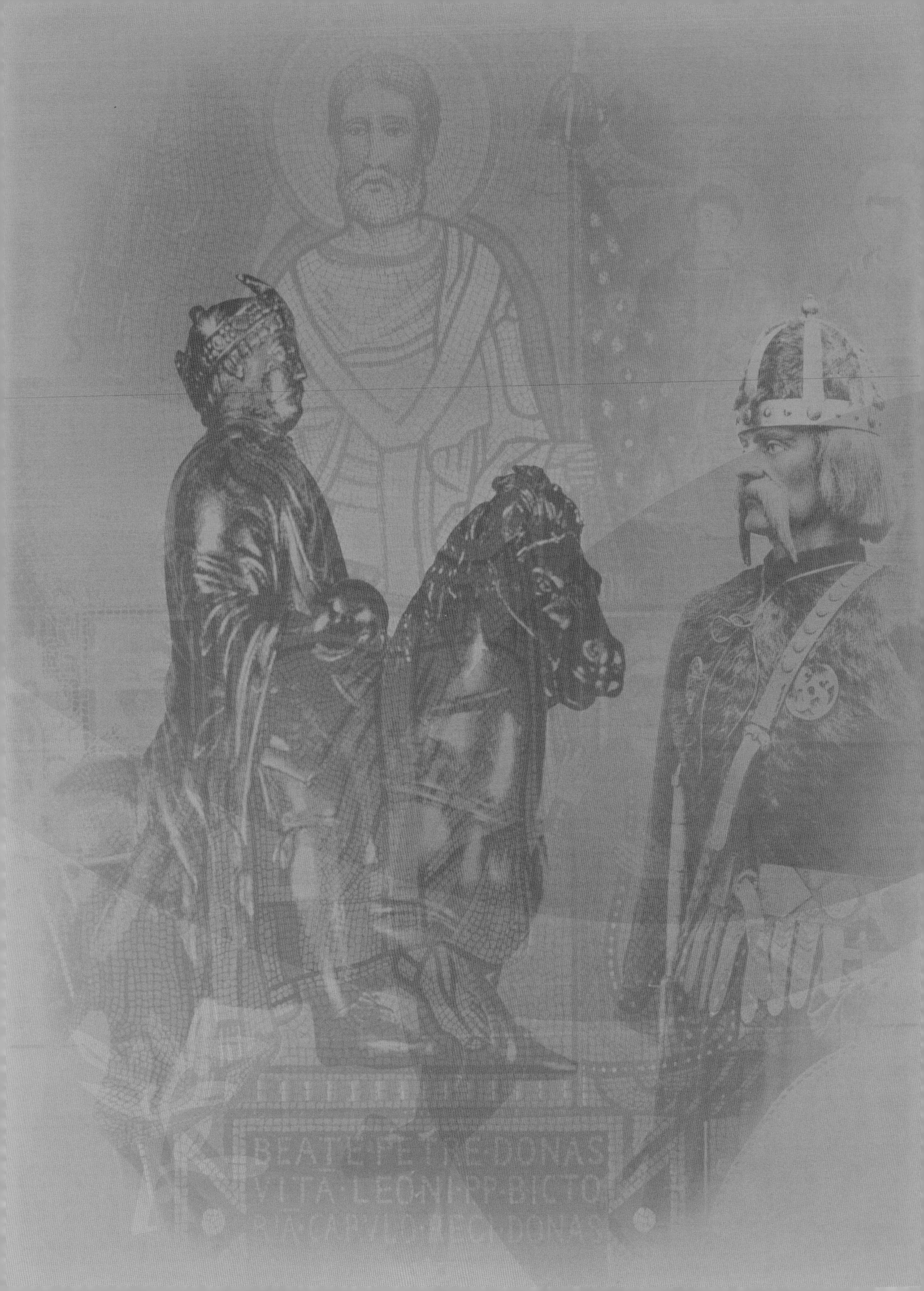
BEATE PETRE DONAS
VITA·LEONI·PP·BICTO

Kapitel 8
FRANKREICH

Die mittelalterlichen Herrscherhäuser waren auffallend weltoffen. Davon zeugt die Ausdehnung des Frankenreichs unter den Karolingern und der Ausbau der Pfalz Aachen zu ihrer Hauptresidenz.

Deutsche Könige und auch Kaiser schlugen ihr Domizil in Italien auf, und die fränkischen und normannischen Kreuzfahrer kamen bis nach Palästina. Im fernen Orient lernten sie Windmühlen, die Seidenraupenzucht, neue Färbemethoden und viele Gewürze kennen. In Europa dominierten die Kirche und das Papsttum mit ihrer eigenen Hierarchie das geistliche wie das weltliche Leben.

Schon Karl der Große schrieb sich die Erneuerung des Römischen Reiches unter fränkischer Vorherrschaft auf seine Fahnen. Das fränkische Herrschergeschlecht der Karolinger und später auch die Könige und Kaiser des sächsischen Hauses, die Ottonen, pflegten gute Beziehungen zum Papst in Rom. Sie verbanden ihre Eroberungszüge im Namen des Christentums geschickt mit der Missionierung der heidnischen Germanen und Slawen in Nord- und Osteuropa.

DIE FRANKEN: KRÖNUNG PIPPINS

Nach dem Tod Chlodwigs I. (Begründer des Frankenreiches aus dem fränkischen Königsgeschlecht der Merowinger) wurde 511 das Reich unter seinen vier Söhnen aufgeteilt. Denn nach der Auffassung vom fränkischen Königsheil waren die Söhne eines Regenten als Abkömmlinge gleichen Blutes in gleicher Weise zur Herrschaft berufen.

Zum Beweis, dass der Gedanke der Reichseinheit nie aufgegeben wurde, einigte 558 König Chlothar I. (Chlodwigs Sohn) das Frankenreich wieder. Infolge erneuter Reichsteilungen nach dem Tod des Königs 561 und seines Sohnes Charibert I. bildeten sich die fränkischen Reiche Austrien, Neustrien und Burgund. Durch Familienstreitigkeiten kam es aber im 7. Jahrhundert zu Kämpfen zwischen den Merowingern, die zur allmählichen Auflösung des fränkischen Großreiches führten. Durch diese Schwäche des Herrscherhauses gewannen die „Hausmeier" (oberste Amtsträger im merowingischen Frankenreich) immer mehr an Einfluss und Besitz.

Krönung Pippins
Pippin der Jüngere setzte 747 den letzen Merowinger-König ab, um selbst die Krone zu tragen. Zuvor war er einer der mächtigsten Hausmeier gewesen. (Buchmalerei aus dem Sakramentum von Metz)

Am erfolgreichsten war Pippin der Mittlere, der Hausmeier von Austrien (östlicher Teil des Frankenreiches). Als reichster, mächtigster Herr zwischen Rhein und Maas griff er in die inneren Kämpfe Neustriens (westlicher Teil des Frankenreiches) ein, um in der Schlacht bei Tetry an der Somme 687 als Sieger und damit als Herr beider Reichsteile hervorzugehen. Obwohl Pippin die Zentralgewalt zu seinem Hauptanliegen machte, ließ er die Königswürde der Merowinger unangetastet.

Unter seinem Nachfolger Karl Martell konnte das Vordringen der Araber aus dem Süden in der Schlacht zwischen Tours und Poitiers im Jahre 732 zum Stillstand gebracht werden. Danach verebbten die muslimischen Angriffe auf das Frankenreich, weil in Nordafrika und Spanien Berberaufstände ausbrachen.

Karl Martell finanzierte seine Streitmacht, indem er Kirchenländereien einzog, um damit zum Kriegsdienst verpflichtete Vasallen auszustatten. Außerdem setzte er zuverlässige Männer gezielt als Bischöfe und Äbte ein und festigte damit die eigene Herrschaft gegenüber den mächtigen Adelsdynastien.

Der berühmteste Bischof und Missionar unter Martell war Bonifatius. Mit seiner Hilfe drang das Christentum immer weiter in die germanischen Landesteile östlich des Rheins vor.

Pippin der Jüngere – Sohn Karl Martells und Alleinherrscher ab 747 – bemühte sich zudem um gute Kontakte zur römischen Kirche, die unter den Merowingern nicht bestanden hatten. So erreichte eine Gesandtschaft Pippins von Papst Zacharias die Zusicherung, unter den Franken solle derjenige König sein, der die königliche Macht habe. Daraufhin ließ Pippin den letzte Merowingerkönig samt Sohn scheren und in ein Kloster stecken.

Um die „nicht-königliche Abstammung" von Pippin zu überdecken, wurde er nach alttestamentarischem Vorbild mit heiligem Öl gesalbt und somit von den Großen des Reiches zum König ausgerufen.

Pippins Sieg über die Langobarden aus Italien brachte den Franken zusätzlichen Reichtum. Einen Teil des eroberten Landes schenkte er Papst Stephan II. Diese „Pippin'sche Schenkung" von 754 bildete die Grundlage für den Kirchenstaat. Noch vor Pippins Tod 768 wurde das fränkische Reich an seine Söhne (Karl den Großen und Karlmann) verteilt.

In der Zeit vor Karl dem Großen brauchten die merowingischen Könige ihre Soldaten vor allem für militärische Auseinandersetzungen mit ihren Familienangehörigen.

KARL DER GROSSE: EIN NEUES WELTREICH?

Die Söhne Pippins herrschten ab 768 über das Frankenreich. Mit dem frühzeitigen Tod des älteren Karlmann übernahm Karl der Große im Jahre 771 die Alleinherrschaft.

Auf einen Hilferuf des Papstes Hadrian I. hin, eilte Karl nach Italien und schlug die Langobarden unter Desiderius. Nachdem Karl sich selbst zum König der Langobarden gemacht hatte, führte er den Titel „König der Franken und Langobarden und Schutzherr der Römer" (lateinisch „rex francorum et langobardorum atque patricius romanorum").

772 begann Karl einen Krieg gegen die Sachsen, der mit Unterbrechungen 30 Jahre dauerte. Sein Ziel war die Christianisierung und die Taufe der Sachsen, notfalls mit Gewalt. Und nur mit Gewalt konnte Karl den erbitterten Widerstand der Sachsen brechen. Der Sieg gelang ihm jedoch erst 775/76. Unter der Führung des Adeligen Widukind entflammte der Widerstand der Sachsen erneut und wurde auch nicht durch das Gemetzel in Verden gebrochen, bei dem Karl im Jahre 782 angeblich etwa 4500 Sachsen töten ließ. Sogar nach der Taufe Widukinds im Jahre 785 dauerten die Unruhen noch fast 20 Jahre an. Erst danach wurden die Sachsen christianisiert und verwuchsen mit der christlichen Kultur des Reiches Karls des Großen. Im Jahre 804 wurde dieser letzte heidnische Germanenstamm endgültig in das Frankenreich eingegliedert.

Außerdem unterwarf Karl um 788 den Bayernherzog Tassilo III., eroberte die Hauptbefestigung der Awaren im heutigen Ungarn und errichtete 795 eine Sicherheitszone bis zu dem spanischen Fluss Ebro. So umfasste sein Reich einen Großteil West- und Mitteleuropas von der Donauebene im heutigen Ungarn bis zum Atlantik, vom Tiber und Ebro bis an die Küste der Nordsee. Karls Ziel war die Wiedererrichtung des römischen Weltreiches (lateinisch „renovatio romani imperii").

Am 25.12.800 wurde Karl von Papst Leo III. zu Beginn des Gottesdienstes gekrönt. Außerdem zeigte Leo III. seine Hochachtung, indem er sich vor Karl niederwarf. Dieser hatte dem zuvor aus Rom geflohenen Papst die Rückkehr in die Stadt ermöglicht. Zu diesem Zeitpunkt hatte Karl Rom längst mit Waffengewalt besiegt, so dass dies lediglich ein zeremonieller Akt war, der die Macht des Frankenherrschers demonstrierte.

Reich Karls des Großen um 814

Am Ende seines Lebens hatte Karl der Große das Frankenreich geeint und außerdem Gebiete im Osten und Teile Italiens dazu gewonnen.

Zum Plan Karls zählte neben der Wiederherstellung des römischen Weltreiches auch die Einteilung des Frankenreichs in 230 Grafschaften. Karl regierte über die Hoftage (Versammlung) und eine Kanzlei, die in alle Reichsteile Boten entsandte, um die Reichsangelegenheiten zu regulieren und die Durchführung der Beschlüsse zu kontrollieren.

An den Grenzen blieb das Reich durch Angriffe slawischer und germanischer Stämme im Osten und Norden sowie durch islamische Einfälle in den Pyrenäen ständig bedroht.

Karl der Große

(747 bis 814)
König der Franken, fränkischer Kaiser

2.4.747 geboren als Sohn Pippins III.

768 übernimmt er auf Verfügung seines Vaters zusammen mit seinem Bruder Karlmann die Herrschaft.

771 erhält er nach dem Tod von Karlmann dessen Reichsteil.

772 erobert er in Sachsen die Eresburg und zerstört das Heiligtum Irminsul.

773/774 führt er erfolgreich Krieg gegen die Langobarden und erhält deren Königstitel.

774 unterwirft er die Sachsen.

778 führt er einen Krieg gegen das arabische Spanien und errichtet hier anschließend die spanische Mark.

781 setzt seinen Sohn Pippin als König in Italien ein und überträgt seinem Sohn Ludwig dem Frommen das Königreich Aquitanien.

782 unterliegt er den aufständischen Sachsen und lässt daraufhin zahlreiche sächsische Geiseln hinrichten.

783 unterwirft er die Sachsen; Einführung des Christentums und vollständige Eingliederung in das Frankenreich.

25.12.800 Kaiserkrönung durch Papst Leo III.

791 – 803 vereinigt er Bayern erneut mit dem Frankenreich und unterwirft die Awaren an der Theiß.

805/806 macht er Böhmen tributpflichtig und befriedet die Liutizen sowie Sorben.

813 ernennt er seinen einzigen noch lebenden Sohn Ludwig zum Mitkaiser.

28.1.814 stirbt er und wird in der Aachener Pfalzkapelle beigesetzt.

Wiedergeburt der antiken Kultur

In der Kurpfalz Aachen, Altersresidenz und künftiger Krönungsort deutscher Kaiser, ließ sich Karl der Große eine Residenz nach dem Vorbild byzantinischer Kunst errichten. Von hier aus begründete er die nach ihm benannte „Karolingische Renaissance". Er beschäftigte Gelehrte aus England als Lehrer und förderte die antiken Fächer. Neben Theologie und Philosophie wurden Literatur sowie Miniaturenmalerei gepflegt. In den Klöstern kopierte man Werke antiker Autoren und entwickelte eine Schrift, die Karolingische Minuskel – sie bildet die Grundlage der heutigen lateinischen Buchstaben. Die Miniaturenmalerei von biblischen Themen war in den Klöstern des Frankenreichs weit verbreitet.

Einer der größten Verdienste Karls war der Versuch, die christliche und germanische Kultur mit der Kultur der griechisch-römischen Antike zu vereinigen. Von manchen Forschern wird Karl als „Vater Europas" bezeichnet.

Die Geistlichkeit war der einzige Stand, der lesen und schreiben konnte und daher von zentraler Bedeutung für die mittelalterliche Kultur. Theologen organisierten und beaufsichtigten die Erziehung zu christlicher Demut und zum katholischen Glauben. Gleichzeitig aber unterstand ihnen das Erbe des Altertums: Rechtsprechung, Naturwissenschaft und Philosophie unterlagen der kirchlichen Zensur und gerieten so in Abhängigkeit zu dem Dogma der Kirche.

Karl der Große ging davon aus, dass das Bildungsniveau Geistlicher in Italien höher war und sorgte daher dafür, dass bevorzugt Geistliche aus Italien die kirchlichen Schulen im Frankenland leiteten.

Der aus dem englischen York stammende Lehrer Alkuin führte ein Bildungsprogramm für die Schulen des Frankenreichs durch. Alkuin hatte als Leiter der Aachener Hofschule auch die Söhne Karls unter seiner Aufsicht. Beeinflusst von den christlichen Literaten der ersten Jahrhunderte nach Christi verfasste er selbst literarische Werke.

Die enorme Förderung, die Karl der Große den Kirchenschulen zukommen ließ, trug zur Stärkung der Idee eines christlichen Weltreichs bei und erhöhte den Anteil schreibkundiger Menschen in seinem Staatsapparat.

Der Karolinger Karl der Große wollte das Reich der Franken zum Nachfolger des Römischen Reiches, aber mit christlicher Religion machen. (Bronzestatue, 9. Jahrhundert)

Thron Karls des Großen in der Pfalzkapelle zu Aachen

SCS PETRVS

SCISSIMVS DNO LEO PP

DN CARVLO REGI

BEATE·PETRE·DONAS
VITA·LEONI·PP·BICTO
RIA·CARVLO·REGI·DONAS

Das Mittelalter | Frankreich

DIE MACHT BEI KÖNIG & KIRCHE

Karl der Große beseitigte alle Herzogtümer und teilte das Land in 230 Verwaltungsbezirke ein, die Grafschaften.

Grafen besaßen als Beamte und Repräsentanten der königlichen Macht Polizeigewalt und den Vorsitz im Gericht. Kontrolliert wurden sie – wie auch die Bischöfe – von so genannten Königsboten. Diese reisten immer zu zweit – je ein weltlicher und ein geistlicher Beauftragter von Rang. Die Grenzen waren Markgrafen unterstellt, die die Verteidigung dieser Grenzen durch Befestigungsanlagen und durch die Ansiedlung von Wehrbauern gewährleisten mussten. Diese Markgrafen verfügten über mehr Selbstständigkeit als die anderen Grafen.

Dem König direkt unterstanden das Pfalzgericht und der leitende Pfalzgraf, der Königliche Hof mit Kämmerer, Senneschall, Mundschenk und Marschall sowie eine Kanzlei mit einem Kanzler. Dagegen stand der Geistlichkeit ein Bischof vor, dessen Kanzlei jedoch ebenfalls den Königsboten gegenüber rechenschaftspflichtig war. Gesetze konnte der König und spätere Kaiser Karl nur mit Zustimmung der hohen Adeligen auf einer der großen Reichsversammlungen bzw. Hoftage (Tagungen) erlassen.

Der Mundschenk war am königlichen Hof vor allem für den Ausschank der Getränke zuständig, ihm unterstand aber auch der Weinkeller.

BRUDERZWIST & REICHSZERFALL

Nach dem Tod Kaiser Karls am 28.1.814 wurde sein Sohn Ludwig I. Kaiser. Ludwig wollte ein Gottesreich schaffen, in dem das staatliche und soziale Leben mit den christlichen Geboten übereinstimmte, weshalb er später den Beinamen „der Fromme" erhielt.

Außerdem strebte er ein geeintes Reich an. Damit stimmte er auch mit der Kirche überein, stand jedoch im Widerspruch zur altfränkischen Reichsteilungspraxis. Deshalb wurde schließlich 817 in einer Reichsordnung die weitere Erbfolge in alle Einzelheiten festgelegt.

Von Ludwigs Söhnen aus erster Ehe wurde Lothar I. Mitkaiser und Reichserbe, während Pippin mit Aquitanien und Ludwig mit Bayern nur bescheidene Teilreiche erhielten. Karl der Kahle war der vierte Sohn aus einer zweiten Ehe Ludwigs. Er ging laut Erbrecht völlig leer aus und erhielt von seinem Vater Land, zum Nachteil Lothars.

Nach dem Tod des Vaters brach ein blutiger Streit zwischen den drei Brüdern Lothar, Ludwig und Karl aus. Ludwig und Karl der Kahle besiegten 841 den Reichserben Lothar und beschworen ein Jahr später die so genannten „Straßburger Eide": Ludwig II. schwor in altfranzösischer und Karl in althochdeutscher Sprache den Bund gegen Lothar.

Im Vertrag von Verdun aus dem Jahre 843 steckten die Brüder, einschließlich Lothar, erneut ihre Herrschaftsbereiche ab. Während Karl dem Kahlen das Westreich (Kernland der Franken und das spätere Frankreich) zufiel, erhielt Ludwig II. der Deutsche den Ostteil rechts des Rheins (das spätere Deutschland). Lothar I. bekam den Kaisertitel sowie Italien und Lothringen (Gebiet an der Rhein-Maas-Scheide und Rhone entlang von der Nordsee bis zu den Alpen).

Fast 30 Jahre später wurde das Fränkische Reich nach dem Tod Lothars II. (Sohn Lothars I.) im Vertrag von Meersen zweigeteilt. Sein östlicher Teil wurde nach dem Tod Ludwigs II. seinen Söhnen zugesprochen. 870 ging der westfränkische Teil Lothringens an den ostfränkischen König Ludwig den Jüngeren (Sohn Ludwigs II.). Diese Aufteilung bildete die Grundlage späterer Grenzziehungen zwischen Frankreich und Deutschland.

Der letzte karolingische Kaiser war Arnulf von Kärnten. Nach seinem Tod im Jahre 899 verstärkte sich die Tendenz zur Bildung unabhängiger Herzogtümer. Damit ging das äußerlich geeinte und kulturell vielfältige Reich an seinen inneren Widersprüchen zu Grunde. Denn während in Westfranken der Feudalismus bereits die Besitzverhältnisse bestimmte, stand bei den soeben christianisierten Stämmen im Osten noch das Gemeindeeigentum im Vordergrund.

MACHTKÄMPFE IM FRÜHEN FRANKREICH

Seit dem Vertrag von Verdun im Jahre 843 existierte Frankreich als selbstständiger Staat, dessen Zentralgewalt unter Karl dem Kahlen zunehmend zerfiel. Der Vertrag setzte die Erbfolgeregelungen Ludwigs I. außer Kraft. Der Bruderzwist war beendet, das Karolingerreich wurde dreigeteilt und zerfiel.

Der westfränkische König übte seine Macht nur im Kerngebiet um Paris aus. Gleichzeitig führte der Hochadel unentwegt Krieg, so dass es ein einheitliches Königreich nicht mehr gab. Burgund, das frühzeitig eigene Wege als Königreich beschritt, fiel im 11. Jahrhundert an Deutschland. Mächtige Adelsgeschlechter herrschen auch im Westen Aquitaniens und im Süden der Bretagne, so dass diese sich für Jahrhunderte dem Einfluss der Königsmacht entzogen. Gleichzeitig verödeten Teile der Bretagne und Aquitaniens unter den Einfällen von arabischen Seeräubern.

Karl der Einfältige, einer der letzten Karolinger, belehnte 911 den Normannenhäuptling Rollo mit dem Herzogtum der Normandie. Durch straffe Führung, ohne Adelsfehden und mittels einer wirksamen Verwaltung, entwickelte sich die Normandie zum stärksten und auch einheitlichsten Territorium des Königreichs. Der letzte Karolinger Ludwig V. der Faule regierte bis 987.

Mit der anschließenden Herrschaft Hugo Capets begründete der Adelige die Dynastie der Kapetinger. Die ersten Kapetinger mussten ihr Territorium von Compiègne nördlich von Paris bis zum Loirebogen bei Orléans gegen aufsässige Gefolgsmänner (Vasallen) inmitten riesiger Herrschaftsgebiete großer Barone verteidigen.

Auch vor Räubereien schreckten die Herrscher nicht zurück: Einer der frühen Kapetinger raubte italienische Kaufleute aus, die durch seine Besitzungen zogen. Ein anderer verdingte sich für Geld bei einem normannischen Baron als Krieger.

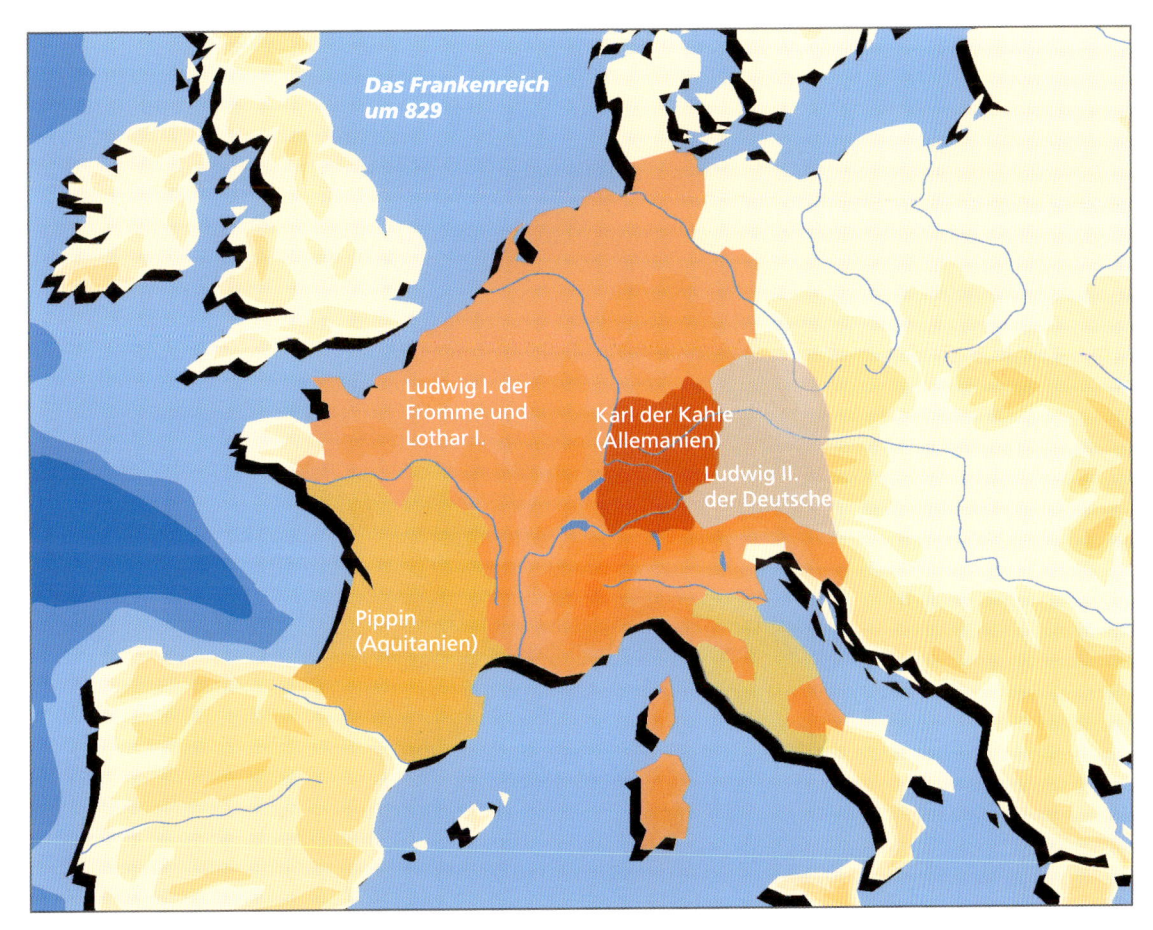

Das Frankenreich um 829

Ludwig I. der Fromme und Lothar I.

Karl der Kahle (Allemanien)

Ludwig II. der Deutsche

Pippin (Aquitanien)

Fränkische Soldaten ähnelten in der Ausstattung und im Aussehen der Uniformen den römischen, die mehrere Jahrhunderte das Land geprägt hatten.

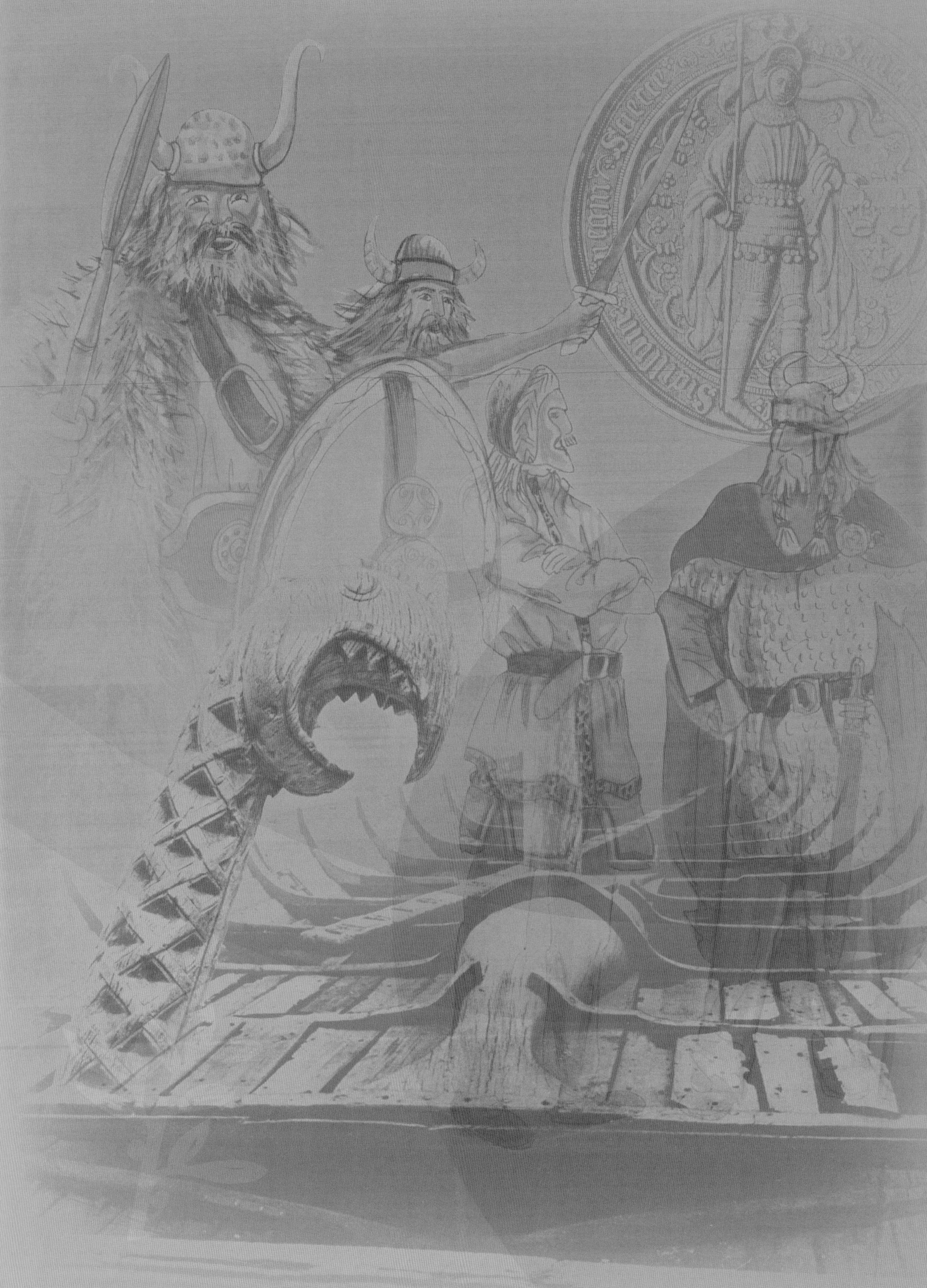

Kapitel 9
Wikinger & Skandinavier

Bereits vor über 12 000 Jahren existierten in den skandinavischen Ländern altsteinzeitliche Siedlungen, die Einwanderer aus Mittel- und Westeuropa errichtet hatten. Mit der Völkerwanderung kamen dann germanische Stämme in den hohen Norden.

Diese bildeten kleine Königreiche in Norwegen, Schweden und Dänemark. Die erste Einigung der norwegischen Kleinreiche gelang Harald I. Schönhaar im 9. Jahrhundert. Doch nach Haralds Tod gerieten seine Nachkommen in Streit und das Reich zerfiel wieder. Ähnliche Entwicklungen spielten sich in Schweden und Dänemark ab, wo der Unabhängigkeitsdrang der Regionalfürsten die Einheitsbestrebungen von Herrschern wie Harald Blauzahn oder König Knut II. in Frage stellte.

Auch die Wikinger lebten in Skandinavien. Sie stellten den Teil der germanisch-stämmigen Skandinavier dar, die ihre Heimat mit Schiffen kurzfristig oder ganz verließen. Einige trieben Handel, andere waren gefürchtete Piraten an Europas Küsten und Strömen, viele suchten auch neues Land zum Siedeln.

Zu den Siedlern zählten ebenso die Wikinger, die im Norden Frankreichs sesshaft wurden. Aus diesen „Nordmännern" wurden bald Normannen, die ein eigenes und mächtiges Herzogtum im Norden des zerfallenen Frankenreichs gründeten.

DIE WIKINGER

Die Wikinger waren Seefahrer aus Dänemark, Norwegen und Schweden, die Ende des 8. Jahrhunderts die europäischen Küstenstädte mit ihren schnellen, wendigen und seetüchtigen Schiffen plünderten.

Seit 800 suchten sie die Küsten des Frankenreichs heim und eroberten sogar mehrfach Paris. 845 zerstörten sie Hamburg. Auf der britischen Insel Man gründeten sie 820 ein Königreich, das sich bis 1266 hielt. Besonders viele Kleinkönigreiche entstanden im 9. Jahrhundert.

Im Jahr 860 kamen die Wikinger erstmals nach Island, ließen sich hier ab 874 nieder und gründeten Reykjavik. Auch einige Stammesadlige kamen bald mit ihrem Gefolge. Außer auf Island siedelten sie sich auf den Färöer Inseln und an der Ostseeküste Englands an. Die bäuerlichen Häuptlinge der Wikinger, so genannte „Goden", waren Priester, Heerführer und Stammesherrscher in einer Person. Im „Althing" – einer alten Form der Volksversammlung – lebten Reste einer alten, urgemeinschaftlichen Demokratie fort.

881 drang die Flotte der Wikinger bis Mainz und Metz, 886 bis Burgund vor. Die Beutezüge der Nordmänner längs des Rheins, der Elbe und der Weser waren gefürchtet. Im Jahre 891 wurden sie jedoch in der Schlacht bei Löwen an der Dyle durch den ostfränkischen König Arnulf entscheidend geschlagen.

Unter der Bezeichnung Waräger (schwedische Wikinger) raubten und handelten die Wikinger auch längs des Dnjeprs, einem Fluss in Russland und weiter bis Byzanz (heutige Türkei). Unter anderem verbanden sie sich dabei mit der ostslawischen Bevölkerung (Kiewer Rus).

Nach dem Niedergang der byzantinischen und römischen Flotten drangen Wikinger schließlich auch ins Mittelmeer vor. Für einige wurde es zum begehrten Raubgebiet, andere trieben dort erfolgreich Handel.

Auch Grönland soll bereits um 900 von einem Wikinger, der vom Sturm abgetrieben worden war, gesichtet worden sein. An Grönlands Küste landete um 982 auch Erich der Rote, der wegen Totschlags verbannt worden und von Island aus nach Westen gesegelt war. Er gründete hier mit seinen Leuten eine Kolonie.

Die Mannschaft der Expedition seines Sohnes Leif Eriksson, der um 1000 den Atlantik überquerte, ging in Labrador, Neufundland und in Vinland (nahe dem heutigen New York) an Land – offensichtlich mit dem Gedanken, Siedlungen zu gründen. Bei einer Nachfolgefahrt erlag Leifs Bruder Thorwald Eriksson 1002 in Vinland brutalen Kämpfen mit Indianern.

Die Wikinger galten damals schon als hervorragende Seefahrer und entwickelten unter anderem den Sonnenkompass zur Navigation.

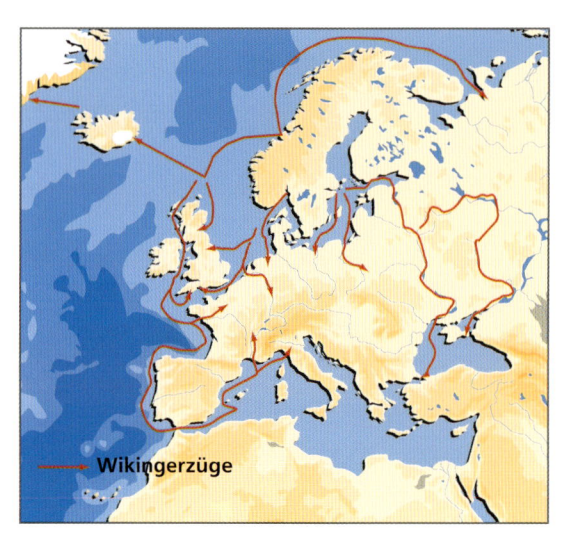

Wikingerzüge

Die Wikinger gelangten als erste Europäer nach Island, Grönland und Nordamerika.

Helm eines normannischen Ritters. Ab 1016 dienten Normannen auch süditalienischen Fürsten, deren Gebiete sie bald übernahmen.

Viele Wikinger siedelten an der nordfranzösischen Küste. Sie kamen ursprünglich aus dem Norden und gründeten in Frankreich das Herzogtum Normandie.

82 | Das Mittelalter | Wikinger & Skandinavier

DIE NORMANNEN

Als Normannen bezeichnete man ursprünglich alle Wikinger aus Dänemark und Skandinavien. Seit dem 8. Jahrhundert jedoch galten nur noch diejenigen Wikinger als Normannen, die sich an den Küsten Nordfrankreichs angesiedelt hatten.

Vor allem um Rouen (Normandie) ließ sich eine Gruppe unter ihrem Anführer Rollo nieder. Karl der Einfältige gewährte ihnen daraufhin ein Lehen, das 911 zum Herzogtum Normandie wurde. Folglich siedelten sich weitere Seefahrer in dem nordfranzösischen Gebiet an.

Ab 1016 traten normannische Ritter in den Dienst von süditalienischen Fürsten. Der Ritter Robert Guiscard eroberte ganz Unteritalien und nahm es schließlich 1059 selbst als Herzogtum Apulien und Kalabrien vom Papst zu Lehen.

Ungefähr 20 Jahre später gelang seinem Bruder Graf Roger I. die Eroberung des damals islamischen Siziliens. Seinen Sohn Roger II. erhob der Papst im Jahr 1130 zum König von Sizilien. Die Normannen sollten ein Gegengewicht zu den deutschen Königen und Kaisern bilden, die ebenfalls versuchten, Teile Italiens unter ihre Herrschaft zu bringen.

Guiscard, Robert
(1015 bis 1085)
Herzog von Apulien und Kalabrien

um 1015 geboren.

1059 erobert er als Führer der Normannen Unteritalien von den Byzantinern, Langobarden und Sarazenen. Anschließend gibt ihm der Papst diese Gebiete einschließlich Siziliens zum Lehen.

1074 Bannspruch durch Papst Gregor VII.

1080 Aussöhnung mit Papst Gregor VII.

ab 1081 versucht er durch Übergriffe auf Dalmatien (Landschaft im heutigen Kroatien) und Griechenland die Herrschaft über die Ägäis zu gewinnen.

1084 befreit er den Papst Gregor, der vom deutschen Kaiser gefangen genommen worden ist.

17.7.1085 stirbt er während eines Kriegszuges nach Byzanz an einer Seuche (vermutlich Typhus).

Wesentliche Errungenschaften in der Schifffahrt und im Schiffsbau sind auf die Wikinger zurückzuführen. Mit ihren schnellen und wendigen Booten bauten sie erstmals ein europäisches Fernhandelsnetz auf. Auch erreichten sie bereits 500 Jahre vor Kolumbus die Ostküste Nordamerikas, nachdem sie zuvor Grönland besiedelt hatten. Ein Hauptgrund für ihren Drang zur Auswanderung lag vermutlich in dem begrenzten Platz in den skandinavischen Ländern.

DAS DÄNISCHE KÖNIGREICH

Die dänischen Wikinger waren vom 9. bis 11. Jahrhundert vor allem an Nordeuropas Küsten als beutesuchende Seefahrer gefürchtet. Sie suchten die britischen Inseln und besonders die Nordküste Frankreichs heim und nahmen dort Plünderungen vor. Später siedelten sie hier zunehmend.

Ein bedeutender Handelsplatz der dänischen Wikinger war Haithabu auf der Landenge von Schleswig. Haithabu war eine kleine befestigte Siedlung, die von einem Holzwall umgeben war.

Der erste bekannte König der dänischen Wikinger war Godfred, der mit dem Bau des „Danewerk" begann – eine wallartige Grenzanlage zwischen Ost- und Nordsee – die Jütland gegen die Angriffe von Franken und Slawen aus dem Süden schützen sollte.

König Gorm dem Alten gelang es im 10. Jahrhundert die vielen kleinen Königreiche Jütlands zu einem Reich zu vereinen. Sein Nachfolger Harald Blauzahn trat im Jahre 960 zum Christentum über und führte die christliche Lehre somit auch in sein Reich ein. Durch aggressive Eroberungskriege gegen seine Nachbarn errang Dänemark bereits um 1000 eine führende Stellung im nordgermanischen Staatenbund.

Um 1000 erlangte Sven Gabelbart, Sohn von Harald Blauzahn, die Macht über Norwegen. Auch Teile von Südengland, Schleswig, Mecklenburg, Pommern und Rügen gerieten zeitweise unter dänische Herrschaft.

Gleichzeitig begann Gabelbart mit der Eroberung Englands. 1013 besiegte er den englischen König Ethelred II. und ernannte sich selbst zum König von England. Die Eroberung und Besiedelung von Südengland setzte sein Nachfolger und Sohn Knut II. fort. So siegte Knut II. – der Große genannt – 1016 in der Schlacht bei Ashingdon in Essex (in Südengland) und unterwarf ganz England. 1018 übernahm Knut II. die dänische Krone und ernannte sich zugleich zum König von England, Dänemark und Norwegen. Nach seinem Tod ging das Nordreich jedoch unter.

Diese Münze zeigt die Siedlung Haithabu. Sie war eine Niederlassung dänischer Wikinger, die von hier aus ihren Handel betrieben.

Die Wikinger waren hervorragende Seefahrer. Außerdem betrieben sie regen Handel an den Küsten.

NORWEGEN & SCHWEDEN

Norwegen
Harald I. Schönhaar einigte 872 Norwegen zu einem einheitlichen Reich durch seinen Sieg über die Kleinkönige bei Stavanger (im Südwesten Norwegens). Nach seinem Tod 933 zerfiel das Reich jedoch wieder in viele Kleinreiche.

Ende des 10. und während des 11. Jahrhunderts eroberten die dänischen Könige mehrfach das Land und bekehrten die Norweger schließlich mit Gewalt zum Christentum. Denn der alte norwegische Stammesadel weigerte sich, die alten heidnischen Kulte – beispielsweise die germanische Volksversammlung „Thing" – aufzugeben.

997 erfolgte die Gründung von Trondheim, das zum Erzbistum wurde. In dieser Zeit des frühen Christentums vom 11. bis 13. Jahrhundert wurden die bekannten Stabkirchen (Holzkirchen) erbaut.

In Norwegen siedelten ebenfalls Wikinger, die vor allem nach England, Island und Grönland zu Plünderungen übersetzten. Norwegische Wikinger sollen sogar Nordamerika erreicht haben.

Schweden
Zwei Königreiche dominierten im frühmittelalterlichen Schweden: die Svear (die eigentlichen Schweden) im Norden und die Gauten im Süden.

Die Svaer regierten um 900 das Königsgeschlecht der Ynglingar. Sie errichteten bis zum 10. Jahrhundert ein einheitliches Königreich, das auch die Gauten, die Inseln Gotland und Öland einschloss. Zum Zentrum des Königreiches entwickelte sich im 11. Jahrhundert die Stadt Uppsala in Mittelschweden.

Bereits im 9. Jahrhundert hatte der heilige Ansgar – der erste christliche Missionar in Skandinavien – das Christentum nach Schweden gebracht. Die eigentliche Christianisierung erfolgte jedoch erst unter König Olaf III. Skötkonung, der sich taufen ließ. Sie begann um 1000 und dauerte bis ins 12. Jahrhundert.

Neben dem Adelsstand konnten sich in der schwedischen Gesellschaft bis zum 14. Jahrhundert auch die Bauern als freier Bauernstand behaupten. Eine Leibeigenschaft wie in anderen europäischen Ländern hat es in Schweden und anderen skandinavischen Ländern nicht gegeben.

Von skandinavischen Göttern und Helden erzählen die Lieder der Edda, die im 12. Jahrhundert in Island erstmals aufgeschrieben und illustriert wurde.

Viele Mythen der Wikinger handelten von Drachen, die deshalb häufig als Verzierung, wie an diesem Steven, auftauchten. Diese zierten den Bug von Schiffen in denen die Toten beigesetzt wurden.

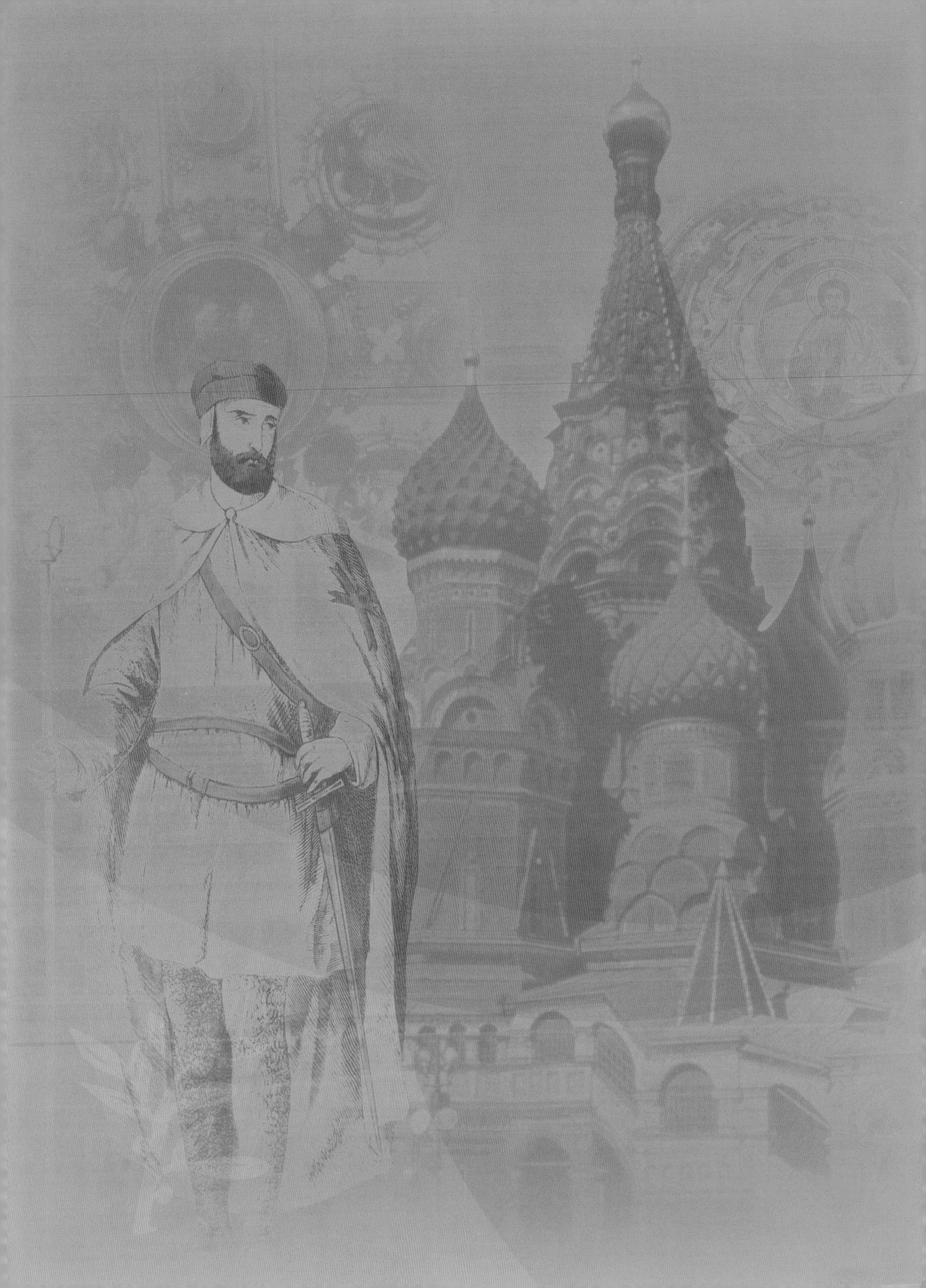

Kapitel 10 OSTEUROPA

Die Slawen lebten im Frühmittelalter in Ost-, Südost- und Mitteleuropa. Zu ihnen rechnete man die Russen und Ukrainer als Ostslawen, die Polen, Tschechen und Slowaken als Westslawen sowie die Slowenen, Kroaten, Serben, Makedonier und Bulgaren als Südslawen.

Die Christianisierung der Slawen vollzog sich nur langsam im 9. und 10. Jahrhundert. Die baltischen Völker wurden im 15. Jahrhundert als letzte in Osteuropa zu Christen bekehrt. Die Konfessionszugehörigkeit war jedoch unterschiedlich: Tschechen, Polen, Slowaken und Kroaten schlossen sich der römisch-katholischen Kirche an. Bulgaren, Russen, Ukrainer, Serben und Makedonen (auch Mazedonier) orientierten sich dagegen an Byzanz, das griechisch-orthodox war.

SLAWEN

Die Slawen, die heute fast 60 Prozent der Bevölkerung Europas stellen, gehören – wie die Germanen – zu den Indoeuropäern. Als Urheimat gilt das Gebiet zwischen Weichsel und Dnjepr sowie nördlich der Karpaten.

Von dort wanderten einige Stämme seit dem 1. Jahrhundert n. Chr. nach Westen, teilweise bis ins heutige Holstein, Thüringen und Obermaingebiet. Zu diesen Westslawen gehörten die Slowaken, Tschechen, Polen, Lausitzer, Sorben und Wenden.

Zu den Südslawen – die neben ehemals germanischen und römischen Territorien vor allem den Balkan besiedelten – zählten die Makedonen, Bulgaren, Kroaten und Slowenen.

Ostslawen waren Ukrainer und Russen, die längs des Dnjeprs ihre Territorien bis zum Schwarzen Meer ausdehnten, wo sie mit Bulgarien um Byzanz konkurrierten.

In der slawischen Gesellschaft setzte sich allmählich eine patriarchalische Großfamilie durch: Der Vater verfügte in der Familie über die uneingeschränkte Entscheidungs- und Befehlsgewalt. Diese Gemeinschaftsordnung verdrängte die Gentilgemeinde, eine Art Sippenverband, deren Familien sich zu Stämmen zusammenschlossen. Kollektiver Ackerbau und demokratische Entscheidungen über die Stammesangelegenheiten der Gentilen verschwanden jedoch, als die ursprünglich gewählten Vertreter zu erblichen Oberhäuptern wurden. Mit ihrer Macht wuchs auch ihr Grundbesitz stetig.

Der slawische Glaube verehrte verschiedene Götter. Zu den bekanntesten slawischen Gottheiten zählten der Feuergott Swarog, der Sonnengott Dashbog und der Gewittergott Perun. Neben diesen Naturgottheiten existierten in der altslawischen Mythologie noch zahlreiche Feen, Hausgeister und Dämonen.

Zu Grundherren wurden die Oberhäupter der slawischen Stämme erst, nachdem sie nicht mehr gewählt wurden, sondern ihr Amt vererbten.

DAS REICH DER BULGAREN

In der zweiten Hälfte des 7. Jahrhunderts wanderten die Bulgaren – turkstämmige, mit Hunnen und Awaren verwandte Reiternomaden türkischen Ursprungs – aus Südrussland in das Gebiet zwischen Donaudelta und Balkangebirge ein, blieben aber gegenüber den Slawen eine Minderheit. Sie konnten dennoch eine straffe Ordnung unter Führung des bulgarischen Militäradels einführen.

Im Jahre 681 forderten die Bulgaren Tribut vom mächtigen Byzanz. Doch der türk-tatarische Militäradel verlor bald wieder an Macht.

Im 9. Jahrhundert wurde Bulgarien nach der Vernichtung des östlichen Awarenreiches (heute Rumänien) unter Khan Krum Großmacht auf dem Balkan. Khan Krum erließ Gesetze zum Eigentum an Land und Herden und schuf eine Zentralverwaltung. Khan Boris I. nahm im Jahr 864/65 den christlichen Glauben an. Die Hauptstadt Bulgariens, Groß-Preslav, wurde gleichzeitig auch Erzbistum.

Rilakloster
Das im 10. Jahrhundert gegründete und nach dem Heiligen Iwan von Rila benannte Kloster erlebte seine Blütezeit erst im 14. Jahrhundert, aus dem diese Malereien stammen.

Zu einem 30 Jahre langen Krieg mit Byzanz kam es, als Simeon I., der den Titel „Zar" angenommen hatte, Anspruch auf den byzantinischen Thron erhob. Simeons Herrschaft wurde durch große kulturelle Fortschritte gekennzeichnet. Während seiner Herrschaft wurden Altkirchenslawisch, die erste slawische Schriftsprache, und das kyrillische Alphabet (Grundlage des heutigen russischen, ukrainischen, weißrussischen, serbischen, bulgarischen und makedonischen Alphabets) eingeführt.

Unter Simeons Sohn Peter brach das Reich durch die Bedrohung von Ungarn und Petschenegen (Nomaden türkischen Ursprungs) zusammen. Dem Zaren Samuel, der von 997 bis 1004 regierte, verblieb daraufhin noch ein Restreich um Ochrid. Doch auch dieses ging verloren, als der byzantinische Kaiser Basileios II. Bulgaroktonos („der Bulgarentöter") 1001 einen weiteren Krieg begann, der 1018 mit der Unterwerfung der Bulgaren endete.

UNGARN

Um 820 wurden die Ungarn, ein mit den Finnen verwandter Stamm, von den Wikingern aus dem Gebiet der Wolgamündung vertrieben. Auf ihrer Wanderung nach Süden verbündeten sie sich zeitweise mit den Chasaren, einem Nomadenvolk zwischen Don und Donau.

Die sieben Türme der Fischerbastei in Budapest (um die Jahrhundertwende erbaut) erinnern an die sieben magyarischen Stämme, die im Jahr 896 Ungarn gründeten.

Schließlich ließen sich die ungarischen Stämme in einem Steppengebiet zwischen Europa und Asien nieder. Ende des 9. Jahrhunderts vereinigte ihr Großfürst Arpád diese Stämme zum Volk der Magyaren und führte sie 896 in das Gebiet des heutigen Ungarn.

Das neue Siedlungsgebiet der Magyaren grenzte an das Königreich Kärnten und Bayern. Mit deren König Arnulf schlossen die Magyaren 898 einen Nichtangriffspakt, den sie jedoch bereits ein Jahr später brachen. Noch mehr verschlechterten sich die Beziehungen mit Kärnten nach dem Tod Arnulfs im Jahr 899. Außerdem unternahmen die Magyaren weitere Feldzüge in das Deutsche Reich. Dabei besiegten die Ungarn 907 auch das bayrisch-deutsche Heer unter Graf Luitpold und eroberten die Ostmark des Reichs. Die Wende kam 955 mit der „Schlacht auf dem Lechfeld" bei Augsburg, in der nun die Ungarn vernichtend geschlagen wurden.

Die Christianisierung der Ungarn begann erst 974 mit der Taufe des Großfürsten Géza auf den Namen Stephan. Ungarn sollte, ebenso wie Polen, mit dem römisch-deutschen Reich verbunden werden. Dazu diente auch die Übernahme der Organisation der deutschen Kirche.

Stephan I., der Sohn des Großfürsten Géza, wurde mit der von Papst Silvester II. überreichten Apostel- oder Stephanskrone zum ersten König von Ungarn gekrönt.

BÖHMEN UND MÄHREN

Böhmen verdankt seinen Namen den Bojern, einem keltischen Stamm, der seit dem 4. vorchristlichen Jahrhundert an der Moldau siedelte.

Nach deren Abzug, um 60 v. Chr. ließen sich zwischen 9 v. Chr. und 19 n. Chr. germanische Quaden und Markomannen unter König Marbod in den Gebieten des heutigen Mähren und Böhmen nieder. In den Markomannenkriegen 166 bis 180 n. Chr. versuchten sie ihr Territorium auf Kosten des Römischen Reiches zu erweitern, unterlagen aber und wurden Rom tributpflichtig. Um 500 zogen sie schließlich nach Süddeutschland weiter.

In das nun entvölkerte Stammland wanderten im 6. Jahrhundert Tschechen (nach ihrem Anführer Cech), Moraven und Slowaken ein. Das kurzlebige slawische Reich (625 bis 660) zerfiel mit dem Tod seines Führers, der vermutlich ein fränkischer Kaufmann gewesen war.

Mythen lassen darauf schließen, dass es bis zum Beginn der eigentlichen Geschichte Böhmens und Mährens noch ein zweites Reich gegeben haben könnte, in dem eine sagenhafte Fürstin Libussa eine Rolle spielte. Ihre offensichtlich auf Mutterrecht basierende Führung sei nach der Heirat mit einem Mann bäuerlicher Herkunft durch das Patriarchat („Vaterherrschaft") abgelöst worden.

Der tschechische Fürst Mojmir fasste 850 die siedelnden Stämme der Tschechen, Moraven und Slowaken in einem Großmährischen Reich zusammen. Unter seinem Nachfolger Rastislaw 863 brachten die Brüder Kyrillos und Methodios (Missionare) einen kulturellen Aufschwung ins Land. Sie hatten das slawische Alphabet und eine vom Balkan stammende slawische Liturgie (Bibelübersetzungen) im Gepäck. Mit dem Christentum machten sich die Tschechen und Slowaken eine neue Kulturform zu eigen, die mit ihrem Selbstbewusstsein auch ihre politische und militärische Widerstandskraft gegenüber den Franken stärkte.

Die größte Ausdehnung erfuhr das Großmährische Reich unter König Svatopuk, der von 870 bis 894 regierte. Sein Reich erstreckte sich von Krakau bis Magdeburg, nachdem Svatopuk die Franken besiegt hatte. Doch nach seinem Tod zerfiel das Reich wieder unter dem Ansturm heidnischer Ungarn. Die Führung der Tschechen ging an die böhmischen Herzöge aus dem Hause Premysl über, dessen Oberhaupt Fürst Borivoj I. sich bereits 874 hatte taufen lassen.

Tschechen und Slowaken nahmen mit dem Christentum auch eine neue Kulturform an, die ihr Selbstbewusstsein gegenüber den vordringenden Franken stärkte.

Unter seinen Söhnen und Enkeln entbrannte ein Familienkrieg zwischen Getauften und Nichtgetauften. Diese Fehde endete damit, dass Wenzel I. – Enkel des Fürsten Borivoj – von seinem Bruder Boleslav I. um 929 ermordet und seiner Herrschaft beraubt wurde.

Boleslav I. machte als Heide seinem getauften Bruder den Vorwurf, das Land in deutsche und christliche Abhängigkeit zu führen. Dennoch erkannte Boleslav I. schließlich den deutschen Kaiser Otto I. als Lehnsherrn an und half ihm 955, die Ungarn auf dem Lechfeld zu besiegen. Er erhielt dafür das bis dahin von den Ungarn besetzte Mähren. Gleichzeitig versuchte Boleslav I. aber auch die Abhängigkeit von Deutschland zu verringern, indem er seine Tochter Dubravka mit dem Polenfürsten Mieszko I. verheiratete.

Die Nachkommen Dubravkas und ihres Bruders Boleslav II. begannen, um die Vorherrschaft unter den Westslawen zu kämpfen. Doch 1003 bis 1004 besetzte Boleslaw I. Chrobry (Herzog von Polen) das tschechische Prag, das 973 Bistum geworden war. Bei der Wiederherstellung des Staates Böhmen und Mähren kam der Deutsche Heinrich II. zur Hilfe.

1037 bis 1055 überfiel wieder der Böhme Bretislav I. Polen und entführte dabei auch die Gebeine des heiligen Adalbert. Im Verlauf dieser Auseinandersetzungen griff im Jahre 1041 der deutsche König Heinrich III. ein – jedoch zu Gunsten Polens. Dafür erhielt er 1050 die Oberlausitz um Bautzen als Reichslehen.

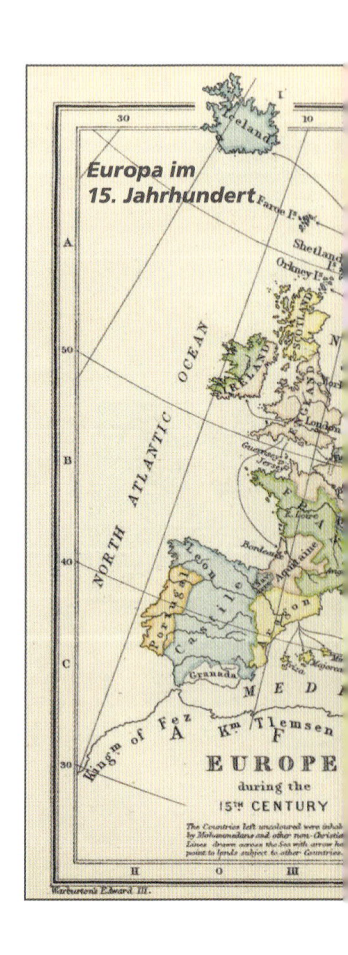

POLEN

Während alle anderen slawischen Stämme nach Osten, Süden und Westen wanderten, waren die Polani-Stämme der slawischen Urheimat zwischen Weichsel und Oder treu geblieben. Ab dem 9. Jahrhundert war ihre Einigung durch die Piastenfürsten soweit gediehen, dass man von einem polnischen Staat sprechen konnte. Durch dessen isolierte Lage – es führte keine Handelsstraße durch das Gebiet – kamen die Polen jedoch erst spät mit dem Christentum in Berührung.

Im Jahr 963 machte der deutsche Markgraf Gero das Land zwischen Warthe und Oder tributpflichtig und unterwarf Klein-Polen. Darauf ließ sich 966 der bedrängte Mieszko I., Herzog der Polani (Polanen) taufen. Um ein gutes Verhältnis zu seinen Nachbarn im Osten zu erhalten heiratete er 965 Dubravka, die Tochter des Böhmerherzogs Boleslav I. Das 966 gegründete Erzbistum Posen wurde direkt Rom unterstellt, so dass Polen in religiösen Fragen nicht von seinen Nachbarn abhängig war.

983 schüttelten die Slawen in einem Aufstand die deutsche Oberhoheit über weite Gebiete ab. Dem Nachfolger Mieszkos I., Boleslaw I. Chrobry gelang es, zwischen 994 und 999 Pommern zu erobern, Klein-Polen (Krakau) und Schlesien zurückzuholen und schließlich auch die Herrschaft über Böhmen und Mähren zu gewinnen.

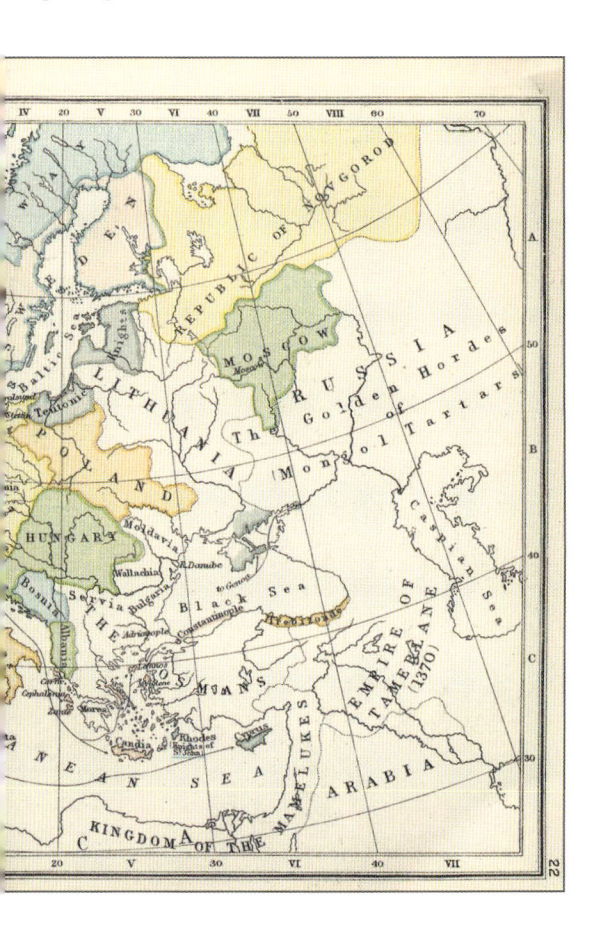

Im gerade gegründeten Erzbistum Gnesen kam es zu einem freundschaftlichen Treffen mit Otto III. (Kaiser im Heiligen Römischen Reich 996 bis 1002): Ottonen und Piasten standen sich nicht mehr feindlich gegenüber. Doch als das Großpolnische Reich für die deutschen Könige bedrohlich groß wurde und Boleslaw I. Chrobry Ansprüche auf die Mark Meißen erhob, kam es 1004 zu Kleinkriegen. Sie endeten erst 1018 im Bautzener Kompromissfrieden, bei dem Polen die Gebiete Mährens und der Lausitzer Marken behielt. Boleslaw wurde in seinem Todesjahr 1025 zum polnischen König gekrönt.

Boleslaw I. bestimmte den jüngeren Sohn Mieszko II. zu seinem Nachfolger, was jedoch die Opposition des Deutschen Kaisers herausfordete. Gemeinsam mit Teilen des polnischen Adels ging dieser gegen den polnischen König vor, so dass Mähren, die Lausitzer Marken, Pommern und einige Gebiete zwischen Bug und Weichsel verloren gingen. 1033 war Polen wieder deutsches Lehen.

Der mit den Ottonen verwandte Kasimir I. Restaurator, Sohn Miezkos II., stieß ebenfalls auf Widerstand, diesmal des polnischen Adels, konnte aber mit deutscher Hilfe den polnischen Staat und auch die Herrschaft der Piasten sichern.

Kruzifix

Durch seine abgeschiedene Lage kam das Christentum erst spät nach Polen. Im Gegensatz zum russischen Nachbarn war es aber katholisch.

Die meisten Staaten Osteuropas bildeten sich im 10. Jahrhundert. Zwar verschoben sich die Grenzen immer wieder – eine prinzipielle Neuordnung gab es aber erst wieder nach dem späten Mittelalter.

DAS FRÜHE RUSSLAND

Russland war im frühen Mittelalter vor allem unter slawisch-warägischer Führung entstanden. Der Staat der Rus (der „Rothaarigen") basierte auf den großen Handelszentren entlang der russischen Flüsse, auf denen die Waräger Handel mit dem Orient und der griechischen Welt trieben. Der Handelsweg zum Schwarzen Meer wurde jedoch immer wieder durch turkstämmige Reitervölker aus dem Osten unterbrochen.

Die Bevölkerung Russlands ging aus Slawen und Warägern hervor, die entlang der großen Flüsse siedelten.

Fürst Oleg, ein Anführer der „Rothaarigen", konnte die rivalisierenden Zentren Nowgorod und Kiew 882 vereinen. Kiew wurde schließlich das Zentrum der Rus. Der Handel wurde ausgebaut und 911 wurde ein Handelsvertrag mit Byzanz geschlossen. Zugleich förderte die zunehmend von Slawen gebildete Oberschicht die Macht des russischen Herrscherhauses. Um der so entstehenden Isolation zu entkommen, brachen die Waräger-Fürsten in zwei Richtungen auf:

Die Basilius-Kathedrale entstand im 15. Jahrhundert in Moskau. Die Stadt war nach dem Zerfall des Kiewer Rus durch die Angriffe der Mongolen zur Hauptstadt geworden.

• In Richtung der lateinischen Welt: Mit dem deutschen Reich unter Kaiser Heinrich II. verbündete sich das frühe Russland, um im Jahr 1004 Polen anzugreifen. Diese Konstellation wiederholte sich bis in die Neuzeit mehrfach und führte zu den Teilungen Polens.

• In Richtung der griechischen Welt: Ab 860 wurden die Angriffe auf Byzanz und das Bulgarenreich häufiger. Es begann die russische Balkanpolitik. Der Bosporus, Mitteleuropa und die Ostsee blieben bis ins 20. Jahrhundert die wichtigsten Stoßrichtungen russischer Expansion.

Missionsversuche der Kirchen von Rom und Byzanz führten dazu, dass sich Großfürst Wladimir (Enkel des Fürsten Oleg) 988 auch aus politischen Erwägungen nach griechisch-orthodoxem Ritus taufen ließ. Die von ihm vollzogene Einführung des orthodoxen Christentums im Kiewer Rus wurde außerdem durch seine Hochzeit mit der byzantinischen Prinzessin Anna bestätigt. Die wichtigsten Ergebnisse dieser Entwicklungen waren außer der Entstehung der russisch-orthodoxen Kirche, die Rangerhöhung der russischen Fürsten, die ihr Reich später (nach dem Fall von Byzanz) zum „Dritten Rom" erklärten. Damit sollte wiederum der Anspruch Russlands auf die Herrschaft über die zivilisierte Welt allgemein anerkannt werden. Unter Jaroslaw dem Weisen (1019 bis 1054) erfuhr das russische Reich von Kiew eine erste Blütezeit. Danach zerfiel es jedoch allmählich, bis es schließlich 1236 von den Mongolen unterworfen wurde.

DSCHINGIS KHAN: DAS MONGOLISCHE WELTREICH

Die Mongolen waren ein sehr kriegerisches Volk von Nomaden aus Zentralasien. Ihre Reiterheere waren wegen ihrer Unberechenbarkeit und Brutalität gefürchtet.

Ein solches Reiterheer bestand aus berittenen Kämpfern und Bogenschützen, die nach dem Prinzip von Tausend-, Hundert- und Zehnerschaften organisiert waren.

Der Stammesfürst Temudschin einigte zunächst die mongolischen Steppenvölker und besiegte mit ihnen die Nachbarvölker. Nach seiner Ernennung zum Dschingis Khan (Khan war der mongolische Königstitel, Dschingis Khan bedeutet „Großkhan") durch die Stammesversammlung im Jahre 1206 begannen die Siegeszüge der Mongolenheere.

Sie unterwarfen die Völker von der Pazifikküste Chinas bis zum Schwarzen Meer im Westen. Im Nordwesten erreichten die Mongolen die Ebenen der Wolga und im Südwesten das damalige Persien.

Das mongolische Reich unter Dschingis Khan zeichnete sich im Innern durch ein straff organisiertes Steuersystem, Tributzahlungen, Kurierdienste und vor allem durch das Militär aus. Feinden gegenüber begegnete man mit grausamster Brutalität.

Als der Mongolenherrscher im Jahr 1227 starb, kam es zur Aufspaltung des Reiches unter seine Söhne Dschagatai, Ögödei und Tului. Unter Ögödei begann ab 1235 eine neue Blütezeit. Zu seinem Reich gehörten die Mongolei, Korea und große Teile Chinas. Bis 1241 eroberte er gesamt Nordchina, Persien und Kleinasien sowie das Russische Reich und zerstörte die Städte Kiew und Moskau.

Nach Ögödeis Tod übernahm Batu dessen Titel als Khan und seine Herrschaftsgebiete. Batu (Enkel des Dschingis Khan) und seine Reiter der „Goldenen Horde" erschienen 1241 vor dem schlesischen Breslau und Liegnitz – zum Schrecken der Christenheit Europas.

1260 wurde Kubilai Khan (Enkel des Dschingis Khan) Großkhan. Nach der Eroberung weiterer Teile Chinas machte er Peking zur Hauptstadt des Reiches und wurde nun auch Kaiser von China.

1275 kam der junge Marco Polo mit seinem Vater und Onkel an den Hof des Kubilai Khan. In seinem später verfassten Reisebericht pries er den Mongolenherrscher so überschwenglich als „Großer Herr der Herren" und mächtigsten und reichsten Mann aller Zeiten seit Adam und Eva, dass seine Darstellungen über das Leben als Gesandter und Gouverneur des Khans bei seinen Zeitgenossen trotz aller Faszination auch Unglaube und Staunen hervorriefen.

Nach dem Tod des Kubilai Khan 1294 wurde die Mongolenherrschaft in China brüchig. Einzelne Regionen machten sich selbstständig, das Großreich der Mongolen wurde unregierbar. Bewaffnete Aufstände und Unruhen mündeten schließlich in der Machtübernahme der Ming-Dynastie im Jahre 1368.

Die Kampftechniken und Brutalität der mongolischen Heere waren überall gefürchtet. Zur Blütezeit des Reiches im 13. und 14. Jahrhundert reichte es von den Küsten Chinas bis nach Osteuropa.

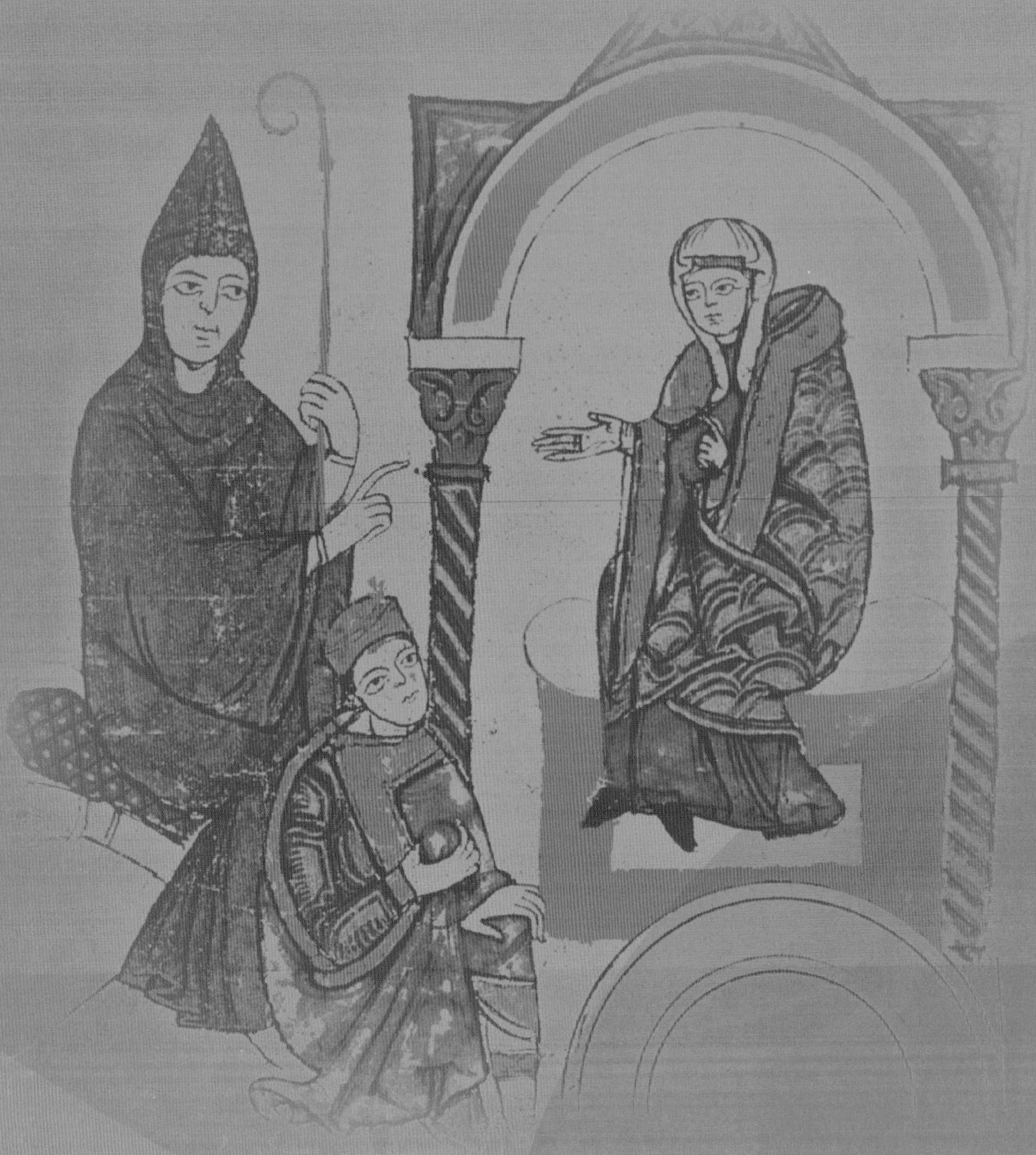

GLOSSAR

Arianismus
Lehre des Arius aus dem 4. Jahrhundert: Christus sei nicht gleich Gott, sondern nur ihm ähnlich.

Asturien
Königreich im nordwestlichen Spanien (8. bis 10. Jahrhundert), endete durch die Vereinigung mit dem Königreich León.

Austrasien
Östlicher Teil des Merowingischen Frankenreiches

Brandschatzen
Ausplünderung und Zerstörung, beispielsweise einer Stadt

Bulle
Mittelalterliche Urkunde oder päpstlicher Erlass

Denunziant
Person, die jemanden öffentlich, meist zu Unrecht, anzeigt oder anklagt.

Dogma
Religiöser Glaubens-, Lehrsatz

Doktrin
Politischer Lehr-, Grundsatz

Epos
Niederschrift in Versen von einer überlieferten, erzählten Sage oder Heldengeschichte.

Fehde
Meist kriegerische Auseinandersetzung oder Streit zwischen zwei Gruppen, Ständen oder Familien

Generalkapitel
Zusammenkunft der Oberen eines katholischen Ordens, beispielsweise zur Neuwahl des Vorstehers

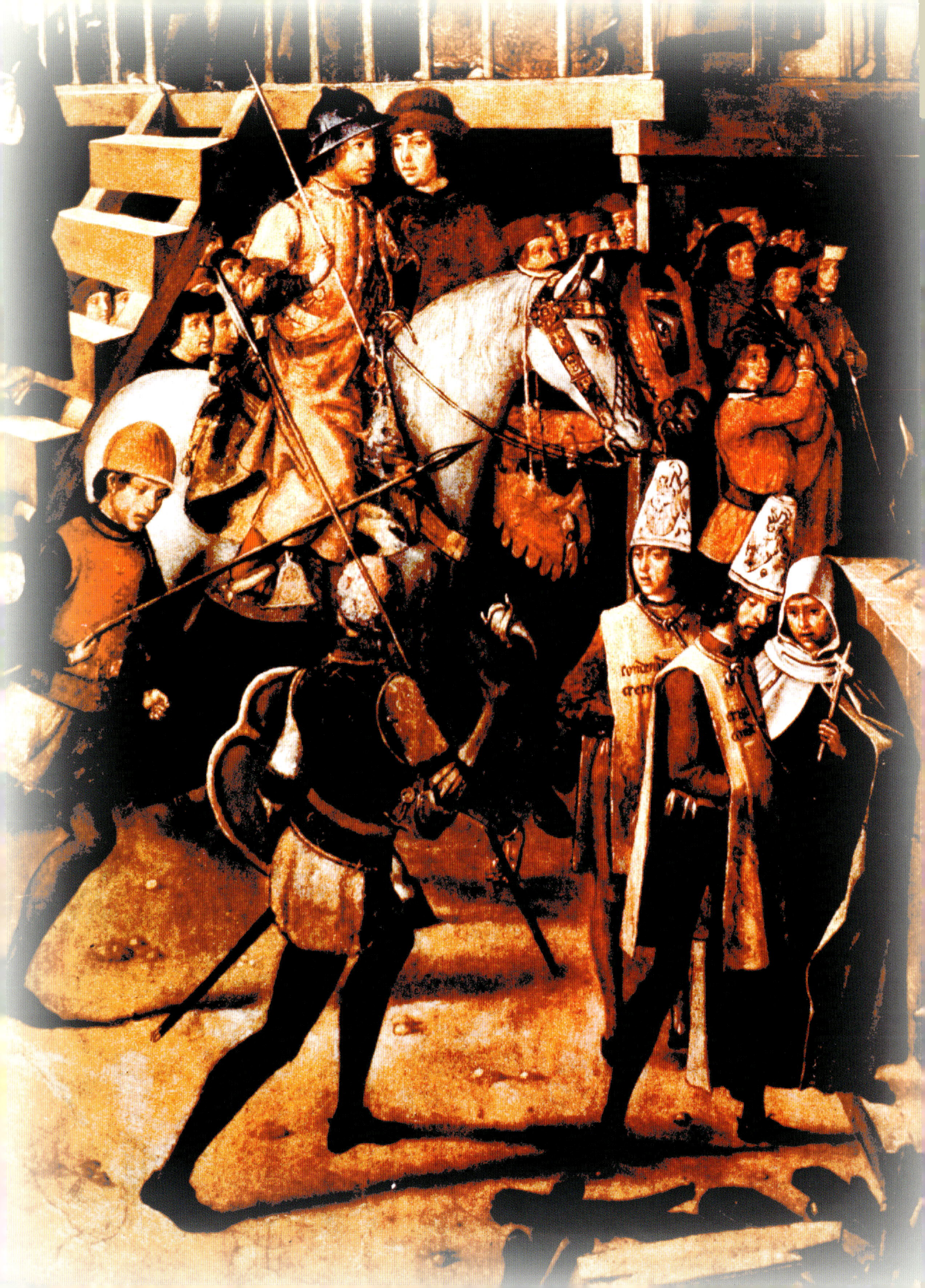

Goldene Horde
ursprünglich turko-mongolisches Teilreich (Osteuropa und Westsibirien); berühmt unter Batu Khan (Enkel des Dschingis Khan) geworden

Grundherrschaft
Organisationsform von Großgrundbesitz, bei der Bauern für ihren Grundherrn Land bewirtschafteten. Die Bauern standen in unterschiedlicher Abhängigkeit zu ihrem Herrn.

Häresie
Abfälliger Begriff für einen Glauben, der im Widerspruch zur päpstlichen Lehre stand. Menschen mit diesem so genannten „Irrglauben" bezeichnete man als Häretiker.

Hanse
Zusammenschluss deutscher Kaufleute und Städte im 14. Jahrhundert, um den Seehandel zu festigen

Hoftage
Zusammenkunft von Kaiser und Gefolge auf seiner Pfalz

Kirchenzehnten
Abgaben (Steuern) an die Kirche, meist ein Zehntel des Ertrages

Klerus
Stand der Geistlichen, Priester

Lyrik
Dichtungsart; meist rhythmisch reimende Verse in Strophen

Mark
Grenzland

Nepotismus
„Vetternwirtschaft"; Vergabe von Posten an Familienmitglieder

Neustrien
Westlicher Teil des Merowingischen Frankenreiches

Omaijaden
Muslimisches Herrschergeschlecht von 661 bis 749

Orden
Katholische, klösterliche Gemeinschaften, die in einer Abtei oder einem Stift leben; Ordensbrüder und -schwestern leben nach ihrem Gelübde in Armut, Gehorsam und Keuschheit.

Palaiologen
Letztes Herrschergeschlecht im Byzantinischen Reich

Patriarchat
„Vaterherrschaft"; Gesellschaftsordnung mit Vorrangstellung des Mannes innerhalb der Familie

Päpstlicher Bann
Ausschluss (Exkommunikation) eines Mitglieds aus der katholischen Kirchengemeinschaft

Pfründe
Einkommen durch ein Kirchenamt

Piasten
Polnisches Herrscherhaus aus dem 9. Jahrhundert durch Miezko I. begründet.

Reliquie
Gebrauchsgegenstände oder körperliche Überreste eines Heiligen, die religiös verehrt werden.

Säkularisierung
„Verweltlichung"; Umwandlung von kirchlichen in staatlichen Besitz

Schar
Teilstück eines Pfluges, das den Boden umbricht

Thing (auch „Ding")
Germanische Volks-, Gerichts- oder Heeresversammlung

Troubadour
Dichter und Sänger der höfischen Liebeslyrik während des 12. bis 14. Jahrhunderts

Tribut
Abgabe, Steuer

Verdingen
Jemand „verdingt" sich: Er stellt sich in den Dienst eines Herrn, der ihn dafür schützt und versorgt.

Zisterzienser
Römisch-katholischer Mönchsorden, ihrer Tracht nach auch oft „weiße Mönche" genannt.

INDEX

A
Abbasiden S. 42
Adel S. 89
Almohaden S. 49
Angeln S. 60
Angelsachsen S. 60
Assisen S. 14
Awaren S. 52

B
Barbarossa S. 96
Bauern S. 90
Beowulf S. 62
Besant S. 10
Bilderstreit S. 54
Bildungswesen S. 20
Bürger S. 89
Böhmen S. 90
Byzanz S. 52
Byzantinisches Reich S. 51

C
Chlodwig S. 74
Christianisierung S. 60
Codex Justinianus S. 52

D
Dänisches Königreich S. 84
Dinar S. 10
Dreifelderwirtschaft S. 13
Dschingis Khan S. 93

E
El Cid S. 49
Englisches Königreich S. 61
Episkopalschulen S. 20

F
Feudalherren S. 11
Feudalismus S. 11
Florenz S. 17
Franken S. 74
Fugger S. 16

G
Geldwirtschaft S. 10
Gilde S. 16
Groschengeld S. 10
Guiscard, Robert S. 83

H
Hagia Sophia S. 56
Handel S. 16
Hanse S. 16
Harald I. Schönhaar S. 86
Heinrich IV. S. 70
Heldendichtung S. 19
Hexen S. 26
Hexenglaube S. 24
Hexenhammer S. 24
Hippodrom S. 54
Hörige S.11
Hoheitsrechte S. 11
Hospitaliter S. 23
Humiliati S. 29
Hundertjähriger Krieg S. 63
Hunnen S. 88

I
Ikonodulen S. 54
Ikonoklasten S. 54
Innozenz VIII. S. 25
Inquisition S. 29
Investiturstreit S. 70

Islam S. 41

J
Johanniter S. 23
Juden s. 29
Justinian I. der Große S. 53

K
Karl der Große S. 75
Karolinger S. 66
Kastelle S. 48
Kastilien S. 48
Katharer S. 28
Ketzer S. 26
Kiewer Rus S. 56
Kinderkreuzzug S. 39
Klerus S. 89
Konstantinopel S. 55
Koran S. 41
Kreuzfahrer S. 36
Kreuzritterstaaten S. 40
Kreuzzüge S. 34

L
Landwirtschaft S. 13
Lateinisches Kaiserreich S. 40
Lehnswesen S. 14
Leibeigenschaft S. 11

M
Mähren S. 90
Magna Charta Libertatum S. 62
Magyaren S. 89
Märtyrer S. 26
Marktgenossenschaft S. 11
Merowinger S. 74

Michael VIII. Palaiologos S. 57
Minneburg S. 33
Minnesänger S. 18
Mönch S. 90
Mönchsorden S. 90
Mongolei S. 93
Monophysitismus S. 54
Moschee S. 45

N
Naturalrente S. 10
Normannen S. 83
Norwegen S. 86

O
Omaijaden S. 42
Osmanen S. 42
Ostfränkisches Reich S. 91
Ottonen S. 68

P
Page S. 32
Papst S. 26
Pest S. 21
Pfalz S. 67
Pippin S. 74
Polen S. 91
Prägemünzen S. 10
Prophet S. 41

R
Reconquista S. 48
Reichsapfel S. 67
Richard I. Löwenherz S. 39
Rilakloster S. 88
Ritter S. 14
Ritterkultur S. 32
Ritterorden S. 32
Römisch-Deutsches-Reich S. 66
Russland S. 92

S
Sachsen S. 60
Schisma S. 56
Schuldknechtschaft S. 13
Schweden S. 86
Sizilien S. 56
Slawen S. 88
Südslawen S. 88
Staufer S. 71

T
Tempelritter S. 36
Tower S. 61

U
Unfreie S. 11
Ungarn S. 89

V
Vasall S. 14
Völkerwanderung S. 11

W
Waldenser S. 28
Walther von der Vogelweide S. 18
Welfen S. 71
Westgoten S. 46
Wikinger S. 82

Z
Zahlungsmittel S. 10
Zirkusparteien S. 54
Zunft S. 16
Zweifelderwirtschaft S. 13

contmedia

International Knowledge

Die umfangreich illustrierte Reihe erklärt Sachverhalte glasklar, exakt, einleuchtend und jugendgerecht, ist aber auch eine gern verwandte Wissensquelle für Erwachsene.

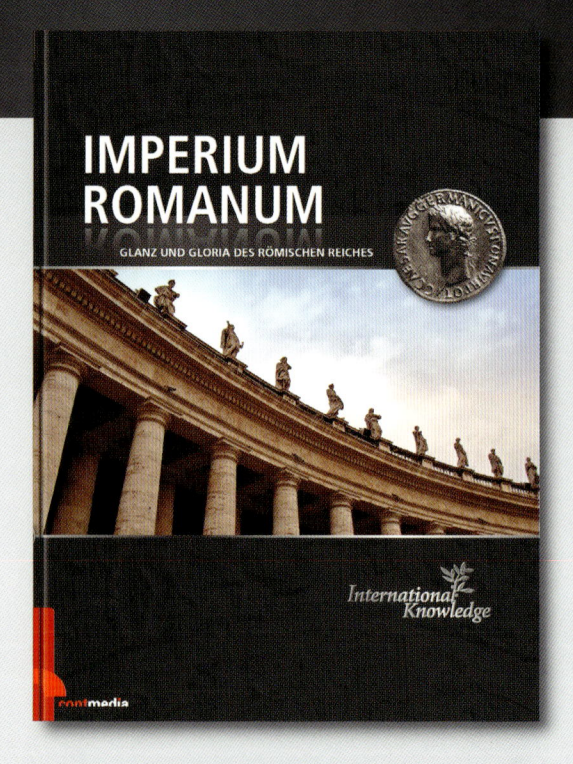

IMPERIUM ROMANUM
GLANZ UND GLORIA DES RÖMISCHEN REICHES

Vor über 2000 Jahren errichteten die Römer eines der spektakulärsten Reiche der Antike, das Römische Reich. Das Imperium erstreckte sich von der Straße von Gibraltar bis zum kaspischen Meer, von England bis Ägypten. Die Faszination Roms besteht in der antiken Welt und den Überresten, die man heute noch betrachten kann.

DAS AUTOMOBIL
TECHNIK, INNOVATION & GESCHICHTE

Die Produktion von Autos und ihrem Zubehör wuchs seit der Erfindung des Autos vor ca. 100 Jahren zu einem der größten Industriezweige der Welt an. Er bietet einschließlich der Zulieferbetriebe und anderen abhängigen Wirtschaftszweigen Millionen von Menschen Arbeit.

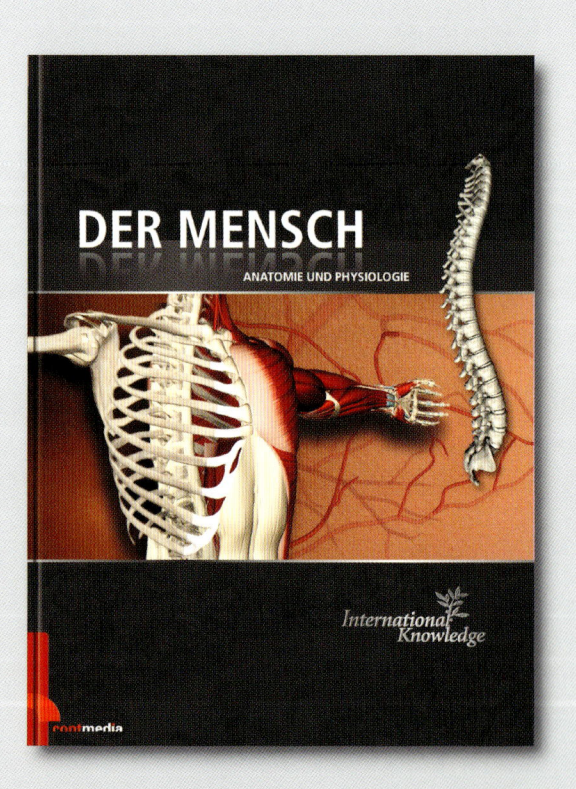

DER MENSCH
ANATOMIE UND PHYSIOLOGIE

Der menschliche Körper ist ein Wunderwerk der Natur. Er besteht aus einer Reihe von Systemen, die wiederum aus Organen gebildet werden. Die Zellen sind die kleinsten Bauteile des Körpers. Der gesamte menschliche Körper besteht aus etwa 100 Millionen Zellen – und jede davon hat ihre Aufgabe.

International Knowledge

FRÜHE HOCHKULTUREN
ANFÄNGE DER MENSCHLICHEN ZIVILISATION

Der Mensch hat seine größten kulturellen Leistungen nicht nur in unserer technischen Zivilisation erbracht. Neben dieser heute alles beherrschenden Kultur, die sich aus europäischen Wurzeln entwickelt hat, hat es noch andere Kulturen gegeben: Sie haben vor langer Zeit geblüht und sind heute verschwunden.

OLYMPIA
VON DER OLYMPISCHEN IDEE ZU DEN SPIELEN DER NEUZEIT

Im Jahr 2008 finden in Peking die Spiele der XXIX. Olympiade der Neuzeit statt. Damit kann die olympische Bewegung der Moderne auf eine langjährige Geschichte zurückblicken. Kurz ist dieser Zeitraum jedoch im Vergleich mit der über 1168 Jahre aufrechterhaltenen Tradition der Olympischen Spiele der Antike.

AMPHIBIEN & REPTILIEN
ARTEN, LEBENSRAUM & VERHALTEN

Mit etwa 6200 bekannten Arten sind Amphibien bzw. Lurche weltweit verbreitet. Zu ihnen gehören Salamander und Molche, Frösche und Kröten. Häufig werden sie mit Reptilien verwechselt, aber sie haben keine Schuppen wie diese.

PHYSIK
VON DER GESETZMÄSSIGKEIT DER NATUR

Was ist schon daran interessant, ob ein Apfel und eine Stahlkugel von einem Tisch herunterfallen? Schließlich hat die Menschheit seit ewigen Zeiten Erfahrungen gesammelt, die einfach zeigen: noch nie hat sich ein Gegenstand von selbst heraufbewegt. Aber alles fällt herunter, gleich aus welcher Höhe!

---

contmedia Contmedia Verlag GmbH | www.contmedia.com

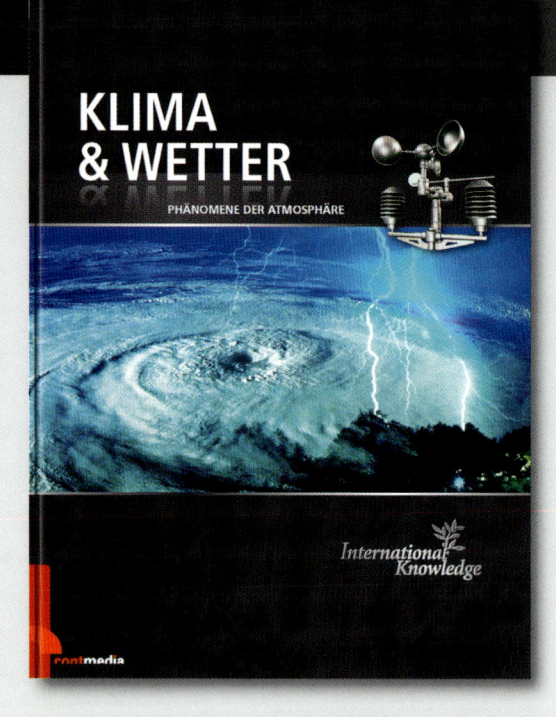

contmedia

KLIMA & WETTER
PHÄNOMENE DER ATMOSPHÄRE

Das Klima der Erde wird durch die Sonnenstrahlen und ihre Auswirkungen auf die Erdoberfläche, die Kontinente und die Ozeane bestimmt. Dadurch entstehen Wechselwirkungen. Die entstehende Wärme wird durch die Treibhausgase der Atmosphäre festgehalten.

DAS MITTELALTER
LEBEN, KULTUR, POLITIK & RELIGION

Das Frankenreich und auch das Heilige Römische Reich deutscher Nation prägten das mittelalterliche Europa. Karl der Große konnte im 8. Jahrhundert fast ganz Mitteleuropa in seinem Reich vereinen. Sein Anliegen war die Erneuerung des Römischen Reiches unter fränkischer Vorherrschaft, das er gleichzeitig auch mit Eroberungszügen und der Missionierung der heidnischen Germanen und Slawen verband.

DER KOSMOS
UNSER SONNENSYSTEM & DAS UNIVERSUM

Der griechische Begriff „Kosmos" bezeichnet das Weltall. Die Kosmologie ist eine Wissenschaft, die Ursprung, Entwicklung sowie die Struktur des Universums als ein einheitliches Ganzes untersucht. In der Kosmogonie, einem Teilgebiet der Astronomie, untersuchen Wissenschaftler die Entstehung und Entwicklung einzelner Himmelskörper und deren Systeme.

SÄUGETIERE
ARTEN, LEBENSRAUM & VERHALTEN

Die Entwicklung der Säugetiere begann etwa vor 220 Mio. Jahren im Obertrias. Zunächst war ihre Rolle nur untergeordnet, denn damals existierten und dominierten Reptilien. Mit dem Aussterben der Dinosaurier vor 65 Mio. Jahren wandelte sich das Bild der Erde. Die artenreiche Entwicklung der Säuger begann, bis sie vor etwa 15 Mio. Jahren den Höhepunkt ihrer Vielfalt erreichte.

International Knowledge

DINOSAURIER
DIE FAUNA DES ERDMITTELALTERS

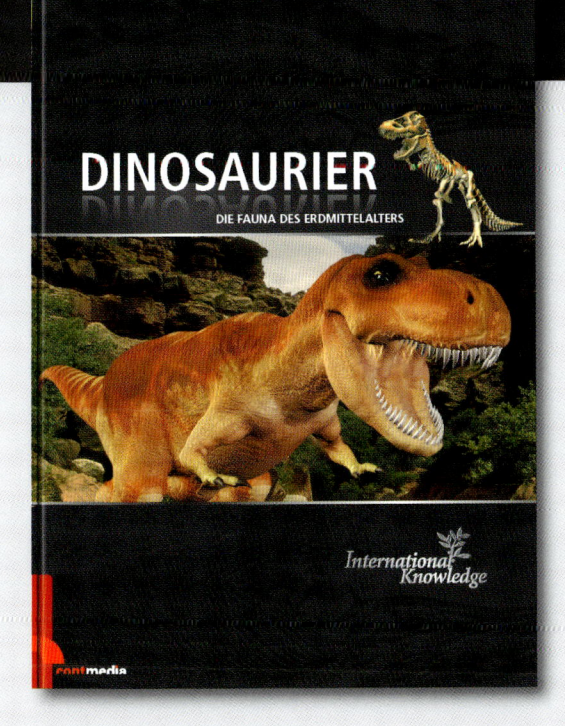

Vor vielen Millionen Jahren, lange, bevor es den Menschen gab, beherrschten die Dinosaurier in großer Artenvielfalt die Erde. Sie lebten überwiegend im Erdmittelalter (Mesozoikum) und starben am Ende dieser Zeitepoche vor etwa 65 Millionen Jahren am Ende der Kreidezeit aus.

WELTWUNDER
IMPOSANTES VON DER ANTIKE BIS HEUTE

Schon in frühester geschichtlicher Zeit haben die Menschen gewaltige Erscheinungen in der Natur bewundert. Als es dann möglich war, solche gewaltigen Erscheinungen mit menschlichen Mitteln zu errichten, haben die Menschen damit begonnen, es den Weltwundern der Natur mit riesigen Bauten und gewagten architektonischen Experimenten gleich zu tun.

SANFTE MEDIZIN
ALTERNATIVE HEILMETHODEN

Die Sanfte Medizin für Körper, Seele und Geist ist in unserer hektischen und lauten Zeit für viele Menschen ein großes Bedürfnis. Der Begriff ‚Sanfte Medizin' ist eine Sammelbezeichnung für unterschiedliche Heilweisen oder diagnostische Konzepte, die eine Alternative oder eine Ergänzung zur wissenschaftlichen Medizin darstellen.

PLANET ERDE
AUFBAU, GEOLOGISCHE GESCHICHTE & VORGÄNGE

Schauen wir uns im Universum um, so entdecken wir zahlreiche Himmelskörper unterschiedlicher Größe. Die Erde ist, gemessen an der Größe, nur ein kleiner Planet. Es gibt aber einiges, was ihn zur Besonderheit macht. Am augenscheinlichsten ist die Tatsache, dass es auf der Erde Leben gibt.

contmedia Contmedia Verlag GmbH | www.contmedia.com

contmedia
the entire world of knowledge